GOLDMANN
ESOTERIK

Buch

Divo Köppen-Weber ist Begründerin und Lehrerin der Alta Major-Therapie. Mit der von ihr entwickelten Alta Major-Methode ist sie in der Lage, ein Bild des aufrechten Menschen in uns zu entwickeln und aus uns durch eine neue Körper- und Lebenshaltung einen neuen Menschen zu machen. Ihre Therapie bietet uns die Möglichkeit, unseren inneren Heiler zu entdecken. Sie basiert auf der von allen spirituellen Schulen anerkannten Tatsache, daß erst in einer geraden Wirbelsäule kosmische und Lebensenergie frei fließen können.
Dabei nimmt der Alta Major-Punkt, der Punkt über unserer Wirbelsäule, eine zentrale Stellung ein. Er ist der Beginn des Wirbelsäulenkanals, durch den alle Nervenstränge führen und der mit allen Teilen unseres Körpers in Verbindung steht. Eine »Fehl-Haltung« bewirkt das Einknicken dieser Nerven: bestimmte Regionen des Körpers können nun nicht mehr ausreichend mit Energie versorgt werden. Die Alta Major-Therapie lehrt uns eine neue, bewußte Einstellung zu unserer Wirbelsäule. Sie hilft uns, die energetischen Zusammenhänge in unserem Körper zu verstehen, uns aufzurichten und langjährige Schmerzen im Schulter-, Brustbein- oder Lendenbereich oft einfach zu vergessen.

Autoren

Divo Köppen-Weber ist Heilpraktikerin und Psychotherapeutin. Sie hält Einzelsitzungen, Seminare und Vorträge zur von ihr entwickelten Alta Major-Therapie und bildet selbst neue Alta Major-Therapeuten aus. In wenigen Jahren entwickelte sich ihr Ruf im deutschsprachigen Raum, durch ein neues Bewußtsein der Wirbelsäule schnell und effektiv langwierige Rückenleiden besiegen zu können.
Wulfing von Rohr ist Entdecker und deutscher Erstverleger von Dr. Edward Bach, Fernsehjournalist und Fachschriftsteller (u. a. »Die richtige Schwingung heilt«, zusammen mit Ingrid Kraaz, »Zeit ist eine Illusion« und »Die Heilung der Gefühle« mit Chris Griscom).

Divo Köppen-Weber
und Wulfing von Rohr

Du bist der neue Mensch!

Wie über die natürliche Aufrichtung der Wirbelsäule Probleme gelöst und Schmerzen geheilt werden können.

10 praktische Schritte zu einem bewußteren, gesünderen und glücklicheren Leben.
Mit zahlreichen Abbildungen.

Originalausgabe

GOLDMANN VERLAG

Der Abdruck der Abbildung 13 erfolgte mit freundlicher Genehmigung des Verlages Urban & Schwarzenberg, München/Berlin/Wien aus: Sobotta/Becher: Atlas der Anatomie des Menschen, Hrsg. von H. Ferner und J. Staubesand, 17. Auflage, Band 3, S. 72

Der Abdruck der Abbildungen 14, 15, 19 und 20 erfolgte mit freundlicher Genehmigung des Verlages Moxa-Therapie Handelsgesellschaft mbH, Norderstedt aus: Nottbohm/Clees: Hamburger Moxa-Therapie. Kopf, Nacken, Rücken – schmerzfrei. Ein ärztlicher Ratgeber, S. 46, 47 und 54

Der Goldmann Verlag
ist ein Unternehmen der Verlagsgruppe Bertelsmann

Made in Germany · 6/89 · 1. Auflage

Umschlaggestaltung: Design Team, München
Satz: Filmsatz Schröter GmbH, München
Druck: Presse-Druck, Augsburg
Verlagsnummer: 11883
Lektorat: Brigitte Leierseder-Riebe/DvW
Herstellung: Gisela Ernst
ISBN: 3-442-11883-2

Inhalt

Vorwort

Als ich etwa 30 Jahre alt war, bin ich oft auf allen Vieren zum Telefon gekrochen – um den Chiropraktiker anzurufen, der mich wieder einmal einrenken mußte. Stürze vom Pferd und etliche Unfälle auf der Bühne hatten dazu geführt, daß meine Wirbelsäule mehr als lädiert war. Nicht unwesentlich trugen dazu die Ohrfeigen bei, die mir mein Partner in dem Stück »Die ehrbare Dirne« allabendlich verpaßte, insgesamt 200 Stück. Wir hatten das so ausgemacht: Du schlägst aus voller Kraft zu – das beeindruckt die Leute, und ich kann so wunderbar weinen, wie die Rolle es verlangt.
Diese abendliche Ohrfeige war tatsächlich jedesmal von einem Aufschrei des Publikums begleitet. Vielleicht hat dieses Mitleiden auch zu dem Erfolg beigetragen, den ich als Darstellerin der ehrbaren Dirne ernten konnte. Schließlich litt ich aber unter so starken Kopfschmerzen – wohl ähnlich einem Boxer –, daß wir die letzten 50 Vorstellungen über die Bühne bringen mußten, indem wir die Ohrfeige nur markierten, wie das in der Fachsprache heißt, also nur so taten als ob. Wahrscheinlich war die Wirkung letztendlich die gleiche.
Röntgenbilder, von jedem neu hinzugezogenen Arzt aufs neue verlangt, bestätigten es: diese Wirbelsäule ist dahin, da kann man nichts machen, die Abnutzungserscheinungen sind nun mal da. Da halfen weder Moorbäder noch Massagen, diese Maßnahmen bedeuteten allenfalls eine Art lindernde Symptombehandlung – die Ursache der Schmerzen blieb, die sollte ich akzeptieren, ein Leben lang. Hinzu kam,

daß ich mich, wie die meisten Menschen nach Kriegsende, falsch ernährte. Endlich »gab es wieder alles«: Bohnenkaffee, Fleisch – die Steakwelle rollte –, Semmeln und Kuchen aus weißem Mehl, all die schönen Dinge, die der Ernährungswissenschaftler Prof. Kollath unter den Begriff »Üppige Mangelernährung« einordnet. Natürlich habe ich auch geraucht, wie das in Schauspielerkreisen so üblich war.

Nun, irgendwann kam dann die Wende – nicht plötzlich. Alle Wenden, die ich miterlebt habe, bereiten sich langsam und fast unmerklich vor und sind nur für die Außenstehenden »plötzlich«. »Plötzlich« hört Eine(r) mit den Zigaretten auf, wird gar Vegetarier – so ein Spinner! –, »plötzlich« mag Eine sich nicht mehr die Haare färben, denkt über Umweltprobleme nach. Und dann ändert sich meistens das gesamte Bewußtsein. Die Umstellung der Ernährung ist nur der Anfang, weil am leichtesten zu bewerkstelligen. Ich kann von heute auf morgen beschließen, Frischkornbrei zu essen statt Pappsemmeln, und kann diesen Entschluß sofort in die Tat umsetzen. Schwieriger ist es schon, meine Lebenssituation in Ordnung zu bringen, und noch schwerer, all die schädigenden Einflüsse auszuschalten, die mich ständig aus der immer stärker vergifteten Umwelt bedrohen. Die Ganzheitsmediziner sprechen von drei großen Gruppen krankmachender Faktoren: den ernährungsbedingten, den lebensbedingten und den umweltbedingten. Um gesund zu bleiben, oder wieder zu werden, muß ich trachten, die Summe dieser krankmachenden Faktoren immer mehr zu reduzieren. Ich werde also die Ernährung umstellen auf vitalstoffreiche Vollwertkost, ich werde mir die Streßsituationen in meiner Partnerschaft, in Familie und Beruf bewußt machen und zu bewältigen versuchen, und ich werde gegen die Vergiftung aus der Umwelt angehen, indem ich einerseits boykottiere und nicht kaufe, was mich krank macht, und andererseits verlange, was mir laut Grundgesetz zum gesund sein zusteht, nämlich gesunde Luft, gesundes Wasser und gesunde Nahrungsmittel von einem gesunden Boden. Die Macht der Konsumenten(innen) ist ungeheuer groß und wird viel zu wenig genutzt!

Dies ist also auch ein Aufruf zum aktiv werden, einzeln oder noch besser in Gruppen. Es gibt in der Bundesrepublik heute zirka 40 000 Selbsthilfegruppen!
Aber zurück zu meinem Rücken. Die Umstellung auf Vollwerternährung bewirkte schon ein kleines Wunder. Das Skelett ist ja nicht nur dazu da, den Menschen auf seinen zwei Beinen zu halten, sondern es dient gleichzeitig als Speicher für Vitamine und Minerale. Werden dem Körper aufgrund mangelhafter Ernährung von außen nicht die nötigen Vitalstoffe zugeführt, hilft er sich über die Runden, indem er sich aus dem Speicher bedient, er geht sozusagen ans Eingemachte, denn er will ja, daß der Mensch am Leben bleibt. Ähnlich wie beim Überziehen des Bankkontos ist aber irgendwann einmal Schluß. Irgendwann ist das Konto in den roten Zahlen – die Wirbelsäule ausgemergelt. Ähnlich wie beim Bankkonto kann man aber auch hier wieder investieren und aus dem Minus wieder herauskommen. Die vitalstoffreiche Vollwertkost vermag da viel, wie ich aus eigener Erfahrung bestätigen kann. Übrig blieben aber trotz Ernährungsumstellung einige Schwachpunkte, besonders am unteren Rücken, mit denen ich mich abfinden zu müssen glaubte. Eine weitere Besserung trat nach der Behandlung mit Rolfing ein, einer Massagetechnik, die stark in die Tiefe geht, um festsitzende Blockaden zu lösen. Aber die ganz große Sensation kam dann mit der Alta Major-Technik.
Welche Kette von »Zu-fällen« nötig war, bis mir eines Tages das Buch »Alta Major-Energie – Du bist die Haltung, die Du einnimmst« von Divo Köppen-Weber in die Hände gespielt wurde, kann ich hier gar nicht im Einzelnen beschreiben. Ich verschlang das Buch über Nacht, rief am nächsten Morgen in Divos Institut an und hatte wenige Tage später meinen ersten Termin. Es wurde eine Mammutsitzung von etwa drei Stunden, nach der die Therapeutin sicher fast so erschöpft war wie ich selbst. Ich wurde zunächst vor einen Monitor gesetzt und erkannte mit Schrecken, welche Fehlhaltung ich trotz jahrelangen Körpertrainings mehr oder weniger ständig einnahm. Mit den hochgezogenen, nach vorne gebeugten

Schultern, dem recht geduckten Kopf erschien ich mir ziemlich jämmerlich.
Divo begann nun – alles konnte ich auf dem Monitor verfolgen – meine Wirbel einen nach dem anderen in die richtige Position zu bringen, indem sie einfach ihre Hände darauflegte und mich dazu brachte, genau dorthin und gegen den Druck ihrer Hände anzuatmen, eine Technik, die Meditationserfahrenen vertraut sein dürfte. Im Laufe der Zeit schaffte sie es, auch schwere Blockaden auf diese Weise zu lösen, Blockaden, die teilweise aus der Kindheit stammen. Gerade Verletzungen, vor allem seelischer Art, die einem als Kind zugefügt worden sind, können zu lebenslangen Fehlhaltungen führen, die nur mit Hilfe eines Therapeuten wieder zu lösen sind.
»Soviel Tapferkeit steckt da drin« meinte Divo, als sie an meiner verspannten Halsmuskulatur arbeitete. Und tapfer hatte ich allerdings in der Tat sein müssen, um mein zwar buntes und abenteuerliches, aber ebenso anstrengendes Leben überhaupt durchzuhalten.
»Laß los! Weine! Schrei! Heule!« rief sie mir zu – und schon brach es aus mir heraus wie ein reinigendes Gewitter, aus dem man wie frisch gebadet und neugeboren wieder auftaucht. Alle vorherigen Therapeuten, die ich ausprobierte, hatten versucht, der Rückenschmerzen Herr zu werden, indem sie vom Kreuz ausgingen, also vom unteren Rücken. Das Sensationelle an Divos Methode ist: Sie setzt am oberen Punkt der Wirbelsäule an, eben am Alta Major-Punkt.
Die Wirbelsäule sollte gerade sein wie bei der kleinen Buddha-Statue, die sie zur Demonstration zeigt. Der Kopf sollte auf der Wirbelsäule sitzen wie die Knospe auf dem Stengel einer Rose – Divos Lieblingsblume. Und so stehen denn auch in der ganz in weiß gehaltenen Wohnung überall Vasen, in denen diese Königin der Blumen kerzengerade die richtige Haltung vorführt.
4–5 Kilo wiegt ein Kopf, erfahre ich staunend. Ist die Wirbelsäule tatsächlich vollkommen gerade, wie sich das gehört, kann sie spielend diese gewaltige Last tragen. Sitzt aber nur *ein* Wirbel schief auf dem anderen, führt die Schwere des

falsch gehaltenen Kopfes zu einer Störung in der gesamten Wirbelsäule und als Folge davon zu Verspannungen und Schmerzen.
Das Brustbein nach oben! Schultern runter und nach hinten drücken! – ist also immer wieder die Losung. Und der Patient selbst handelt, der Heiler kann nur helfen. Der Patient stellt einen Wirbel nach dem anderen richtig, richtet sich auf, wird aufrecht – und dieses Aufrichten und Aufrecht-werden hat auch mit Aufrichtig-werden zu tun, wie sie mir vor allem erklärte. Verdutzt bemerke ich, daß es da Stellen in mir gibt, wo ich die totale Aufrichtigkeit mir selbst gegenüber tatsächlich noch nicht erreicht habe, Schwächen, an denen ich noch zu arbeiten habe.
So viele Fingerzeige, so viele Hilfen!
Ich bin sehr dankbar, daß mir Divo und ihre Therapie begegnet sind, und wünsche mir, daß sie vielen Menschen ebenso helfen kann, wie sie mir geholfen hat.
Ich träume davon, daß Divo bald ein Alta Major-Institut in »meinem« Öko-Dorf errichten wird, und bin sicher, daß dieser Traum in Erfüllung gehen wird, getreu dem Motto unseres Dorfprojektes: Wenn einer träumt, bleibt es ein Traum – wenn viele träumen, beginnt der Traum, Wirklichkeit zu werden (Bischof Camara).
Ich wünsche diesem Buch, der Alta Major-Therapie und ihrer Erfinderin viel, viel Glück.

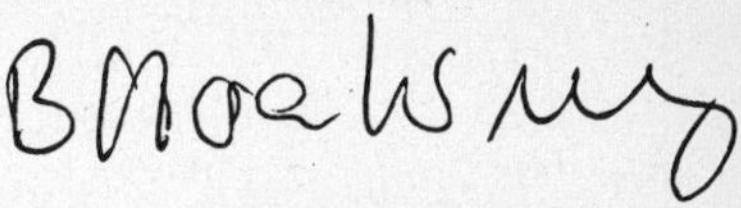

Barbara Rütting

1.
So kann Alta Major helfen: Erfahrungsberichte von Patienten

Liebe Divo,

in einem esoterischen Zentrum, wie es ETORA-LANZAROTE ist, werden viele Möglichkeiten ganzheitlich orientierter Therapien praktiziert. Doch die Resonanz auf die Alta Major-Therapie war so überwältigend, daß es mir ein Bedürfnis ist, Dich daran teilhaben zu lassen:
Alle Teilnehmer sagen übereinstimmend, daß sie sich noch nie vorher so liebevoll berührt, fachlich kompetent geführt und einem spirituellen Sinn nahegebracht gesehen haben, wie durch die von Dir vermittelte Alta Major-Therapie.

Dein W. Maier
ETORA-LANZAROTE
Esoterisches Ferien- und
Seminarzentrum
Costa Teguise, Lanzarote

Ich bin ja nicht mit sehr großen Erwartungen an dieses Seminar gekommen; ich hoffte einfach ein Schrittchen weiterzukommen auf meinem Weg. Doch Deine Methode ist wirklich sagenhaft. Ich bin jahrzehntelang »mit dem Kopf weit voraus« gelaufen, die Füße vermochten kaum nachzukommen, von vielen meiner Mitmenschen ganz zu schweigen. (Ich habe mir ja bezeichnenderweise einen langsamen Partner ausgesucht.) Ich war sogar noch stolz auf meine Schnelligkeit. Du kannst Dir ja lebhaft vorstellen, welcher Belastung meine Lendenwirbel ausgesetzt waren. Jahrelang ertrugen sie das mit Geduld und Nachsicht, dann jahrelang mit Warnschüssen (Hexenschuß) bis zur totalen Lahmlegung meines Gehapparates vor ein paar Monaten. Nicht einmal das reichte: Ich war zudem »grundlos« stockheiser, verstauchte mir den Daumen und endlich zerbrach ich meine Brille. »Wunderbar« würdest Du wohl sagen und heute tu ich das auch. Jahrelang versuchte ich aufrechter zu gehen und es gelang mir nur ab und zu vom Kopf her. Ich fasse es kaum: Plötzlich überkommt mich das Bedürfnis, mich aufzurichten.

Christine, 1987

Um die gleiche Zeit fiel mein Blick auf ein Seminar »Alta Major/ Wirbelsäulentherapie« mit Divo. Das Ergebnis war für mich eine »Offenbarung« in zweierlei Hinsicht. Die Videoaufnahmen des Seminars zeigten deutlich, daß ich die schlechteste Haltung von 20 Teilnehmern hatte. Dabei war ich der Meinung gewesen, schön aufrecht durchs Leben zu gehen. Wie man sich doch über sich selbst irren kann! Das war das eine. Das andere war, daß der Videofilm ebenso deutlich zeigte, wie durch bewußtes Üben die ausgleichende Tätigkeit der Muskulatur wirksam werden konnte. Das war ermutigend. Die beiden Fotos »vorher« und »nachher« behielt ich eine Weile so in der Nähe, daß sie mich täglich begrüßten, erinnerten und ermunterten, meinem Rücken eine Chance zu geben, sich in der rechten Weise aufzurichten und sich immer wieder rechtzeitig zu lockern! Das war die Richtung, die ich zu befolgen hatte und die die Lösung des Problems bedeuten konnte. Seit über einem Jahr habe ich sie konsequent befolgt und bin seit dieser Zeit völlig bewegungsfähig und absolut beschwerdefrei.

Hilde, 1987

Wie durch ein Wunder bin ich zu Ihnen gelangt und habe bei Ihnen durch eine 5malige therapeutische Behandlung meine Schmerzen verloren, und meine Wirbelsäule ist auf dem besten Weg, wieder in ihre normale Haltung zurückzukehren. Das bedeutet für mich, wieder geheilt. Natürlich werde ich weiterhin sehr fleißig an mir arbeiten, um meine Wirbel wieder in die denkbar beste Lage zurückzuführen.
Das wird mir gelingen, davon bin ich fest überzeugt, denn Freude am Leben ist bei mir mit 65 Jahren wieder vorhanden.

Leopold, 1986

Ja, so fühle ich mich, einfach neu geboren. Du magst vielleicht meinen, daß ich übertreibe, aber alle Leute die mich kennen, fragen: »Was ist denn mit Dir geschehen? Du bist jedenfalls anders!« Und sie lachen mich an und umarmen mich.
Ich bin so glücklich, und ich habe ein ganz neues Bild von mir. So mag ich mich *total* gerne, und zwar von oben bis unten und durch und durch. Und all dies zum *erstenmal* in 40 Jahren. Ist das nicht wunderbar?

Helene, 1989

Liebe Divo,

in diesen Seminaren habe ich intensiv gelernt, mit meinem Körper (Vehikel meines Ego) zu arbeiten, ihn als Wohnung meines eigenen »Ich« anzuerkennen, mich zu lieben und als Geschenk Gottes zu betrachten.

Ernst, 1988

Liebe Divo!

Unbedingt muß ich Dir schreiben. Zuerst möchte ich mich bedanken, für Deine großartige, schwere Arbeit, die Du Dir mit uns gemacht hast. Ich bin wirklich begeistert von Deiner Stärke und Gewandtheit. Es hat sicher jeder ein großes Stück davon mitgenommen, und ich hoffe, Du hast Dich erholt.
Ich danke Dir, daß es uns gelungen ist, meine »Glocke abzustreifen«, wirklich – ich kann besser fühlen, sehen, atmen, hören; vor Freude weinen.

Sabine, 1988

2.
Was bringt Ihnen dieses Buch?

Dieses erste systematische Handbuch zur Alta Major-Heilmethode eröffnet Ihnen, wenn Sie die angegebenen zehn Übungen mitmachen, einen eigenen Zugang zu Ihrem geheimnisvollen Alta Major-Zentrum und damit zu einer idealen Lebens-Haltung, wie sie in jedem Menschen, auch in Ihnen, eigentlich bereits angelegt ist. Es stellt eine praktische Einführung in ein Wissensgut dar, das jedem Menschen nutzt.

▷ Sie beginnen zu entdecken, zu spüren und schließlich zu erfahren – über die natürliche Auf-Richtung Ihrer Wirbelsäule – wer Sie jetzt sind – und wer Sie wirklich sein bzw. werden können!
▷ Sie werden sich gesundheitlich wohler, kräftiger und belastungsfähiger fühlen und können womöglich viele (Rücken-) Schmerzen schon zu Ihrer Vergangenheit zählen.
▷ Sie werden wahrnehmen, wie Sie gleichzeitig psychisch ausgeglichener, emotional stabiler und lebensfroher werden.
▷ Wundern Sie sich nicht, wenn Sie schon während und auch nach der Lektüre dieser Einführung in die Alta Major-Methode neuen Lebensmut durch eine geistige, spirituelle Inspiration erfahren, die Ihnen Ihren eigenen, ganz persönlichen Lebenssinn deutlich(er) macht.

Das Ziel von Alta Major ist nicht mehr und nicht weniger als zu erleben:

Jeder Mensch trägt die Chance in sich, frei zu sein, glücklich, gesund, liebevoll und liebesfähig, tatkräftig, kreativ, verantwortungsbewußt, erfolgreich, aufrecht und *menschlich.*

Lassen Sie sich jetzt bitte auf unserer »Abenteuerreise« zum Geheimnis von Alta Major nicht etwa führen, sondern nur begleiten. Entdecken Sie, daß *Sie selbst* den Weg finden können.
Denn zu den Alta Major-Grundlagen, von denen Sie später immer wieder einmal im laufenden Text lesen, gehört:

Alta Major kennt keine Gebote, nur Angebote.
Bei Alta Major findet jeder seinen eigenen *inneren* Heiler!

Um Ihnen rasche Fort-Schritte zu erleichtern, werden die Etappen zum Erleben der faszinierenden Alta Major-Methode systematisch aufgeführt. Erwarten Sie aber bitte keine schulmedizinische Darstellung des menschlichen Körpers! Alta Major geht es um die Sinnzusammenhänge.
Natürlich kann die wirkungsvollste Reihenfolge bei jedem Menschen individuell verschieden sein – und vielleicht stoßen Sie sogar auf Zugangsmöglichkeiten zu und Wirkungen von Alta Major, die hier (noch) nicht dargestellt werden.

▷ Erfahrungen aus der Alta Major-Praxis und aus Alta Major-Seminaren sollen Ihnen einen persönlichen Einstieg in unser Thema vermitteln.
▷ Fallbeispiele zeigen Ihnen auf, wie Problemlösungen vielleicht auch für Sie aussehen können.
▷ Praktische Übungen geben Ihnen die Chance, gleich jetzt beim Lesen, *eigene Erfahrungen* zu machen.

3.

Das Wunder des aufrechten Menschen

Es ist uns ein besonderes persönliches Anliegen, Sie gleich zu Beginn dieses Buches um etwas zu bitten:
Bitte lassen Sie sich darauf ein, daß wir in den Mittelpunkt immer wieder das Positive, das innere Ideal oder Vor-Bild, die in uns angelegte Chance der Vollkommenheit stellen, auch wenn dies Ihnen zunächst wie eine »Vision« scheinen mag.
Vision = das bedeutet ein inneres Sehen, eine geistige Schau.
Schauen wir uns also zunächst einmal zwei wunderbare Beispiele des aufrechten Menschen an – eines aus unserem Kulturkreis, das andere aus dem Osten.

Beide sind Vor-bilder für Millionen von Menschen.
Beide sind Vor-bilder in bezug auf ihre Lebensführung, in bezug auf ihre innere und äußere *aufrechte = aufrichtige Lebens-Haltung.*

Nehmen Sie sich bitte ruhig ein bis zwei Minuten Zeit, diese Vorbilder mit Muße anzuschauen – vielleicht können sie für Sie zum Spiegel Ihrer eigenen (Lebens-)Haltung werden.

Buddha, in der Darstellung einer tibetischen Statue, welche durch die Handhaltung die »Weisheit des Universellen Gesetzes« ausdrückt – das Geschenk eines Journalisten nach seinen ersten Alta Major-Erfahrungen.
Maria, in der meisterhaften intuitiven Darstellung des Südtiroler Holzschnitzers Pepi Rifesser aus dem Grödner Tal.

Abb. 1: Buddha, in der Darstellung einer tibetischen Statue – ein Vorbild in bezug auf innere und äußere Lebenshaltung betrachtet aus drei verschiedenen Perspektiven.

Abb. 2: Maria in der meisterhaft intuitiven Darstellung des Südtiroler Holzschnitzers Pepi Rifesser aus dem Grödner Tal, St. Ulrich.

Die Haltung dieser Madonna entspricht nicht vollständig dem Ideal von Alta Major. Wir haben uns dennoch für dieses Vorbild entschieden, weil Maria in ihrer Haltung ihr großes Maß mütterlicher Liebe ausdrückt: durch sie kommt Christus in die Welt.

Die erste Übung*

Alta Major-Übungen sind kein Leistungssport, sondern eine wache und freudvolle Körpererfahrung, sowie bewußte Aufrichtung in die natürliche Lebens-Haltung.
Lassen sie sich Zeit, überfordern Sie sich nicht und freuen Sie sich über jeden noch so »kleinen« Fortschritt!
Die 1. Übung ist sowohl im Sitzen wie im Stehen möglich – wenn Sie wollen, vor einem Spiegel oder mit einer/m Partner/in.

- Sie haben die beiden (Vor-)Bilder einige Zeit betrachtet. Legen Sie das Buch jetzt kurz beiseite.
- Bitte schließen Sie dann Ihre Augen und setzen Sie sich so hin, wie es Ihnen am liebsten oder am bequemsten ist, oder wie sie sich am natürlichsten fühlen.
- Registrieren Sie mit geschlossenen Augen, so aufmerksam wie möglich, wie Ihre Haltung ist.
- Nach vielleicht zwei Minuten beenden Sie diese Übung.

Schultern:
Hatten Sie Ihre Schultern hochgezogen oder hängen lassen?
Waren Ihre Schultern nach vorn gekrümmt oder nach hinten durchgedrückt?
Wie haben Sie sich im Brustbereich gefühlt?

Kopf:
Hatten Sie das Kinn nach vorn bzw. nach oben gestreckt?

Rücken:
War Ihr Rücken mehr oder weniger aufrecht oder eher gebeugt?

* Es gibt zu dieser und allen anderen Übungen im Buch auch eine Tonkassette mit gesprochenen Anleitungen und wohltuender Musik. Siehe Hinweis im 12. Kapitel, Seite 124

Arme:
Wo hatten Sie Ihre Arme? Vor Brust oder Bauch oder hinter dem Rücken verschränkt? Mit den Händen auf den Knien abgestützt bzw. am Körper hängend? In den Taschen?

Wir wollen an dieser Stelle bewußt noch nicht auf eine Deutung der Körperhaltungen eingehen. (Das ist ab Seite 78 zu lesen.) Diese einfache Übung dient dazu, Ihr eigenes Körper- und Haltungsbewußtsein zu entwickeln bzw. zu vertiefen.

Wiederholen Sie die erste Übung!
Und stellen Sie nun fest, während Sie mit geschlossenen Augen bewußt sitzen, ob sich irgend etwas in Ihrer Haltung verändert hat – vielleicht, ohne daß Sie selbst etwas absichtlich dazu getan haben.
▷ Wenn Sie vor einem Spiegel sitzen oder mit einer/m Partner/in die Übung gemacht haben, prüfen Sie nach dieser kleinen Übung, was Ihnen Ihre Haltung im Spiegel über Sie jetzt aussagt bzw. was der andere Mensch dazu zu vermerken hat.
▷ Wenn Sie sich zunächst *nicht* aus Ihrer Haltung heraus bewegen, nachdem Sie Ihre Augen wieder geöffnet haben, läßt sich ein Vergleich natürlich leichter anstellen.

Ein Bilder-Spiel

Machen Sie nun bitte mit bei einem kleinen Bilder-Spiel. Nehmen Sie einen Bleistift und zeichnen Sie Ihre »Antworten« auf die folgenden Fragen über den Fotoausschnitten auf dieser Seite ein – es geht natürlich *nicht* um Ihr Zeichentalent. Blättern Sie erst um, wenn Sie sich für Ihre Antworten entschieden haben.

1. Zu den Fotos auf dieser Seite:

▷ Wo sitzt der Hals? Wie sitzt der Hals?

▷ Wo sitzt der Kopf? Wie sitzt der Kopf?

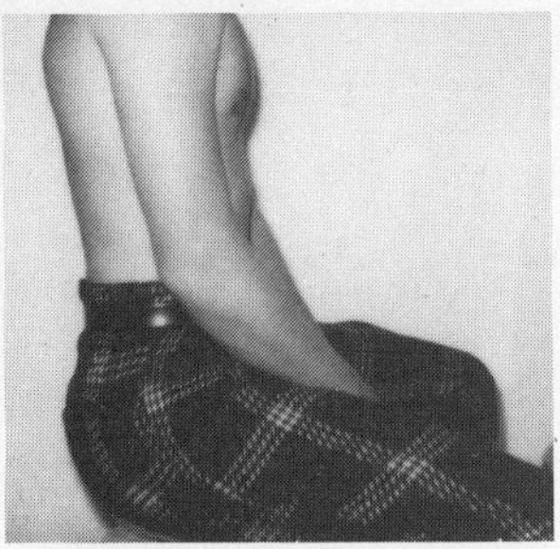

Abb. 3: Erik, 29 Jahre, *vor* der Alta Major-Therapie, Becken- und Brustbereich

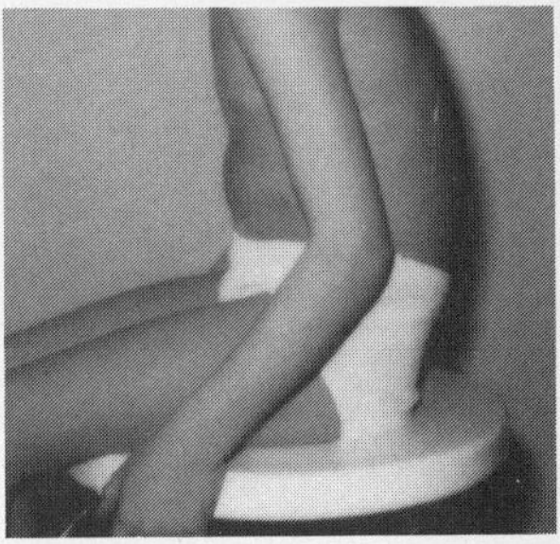

Abb. 4: Julia, 4 Jahre, *vor* der Alta Major-Therapie, Becken- und Brustbereich

Wo haben Sie Hals und Kopf vermutet?

- Haben Sie den Kopf sehr viel weiter *hinten* und/oder *oben* vermutet, als er bei diesem Menschen auf diesem Foto war?
- Haben Sie den Hals *kürzer* oder *länger* gezeichnet?

Sie können nun zurückblättern, um Ihre Vorstellung mit der damaligen Realität zu vergleichen, wie sie auf dem Foto festgehalten worden war.
Wir wiederholen nun das Zeichenspiel mit anderen Fotos.

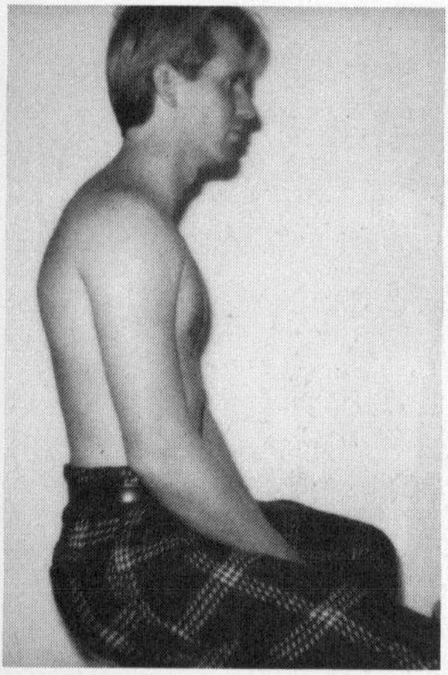

Abb. 5: Erik, *vor* der Alta Major-Therapie mit »Fehl-Haltungen« im Hals-, Brust- und Beckenbereich

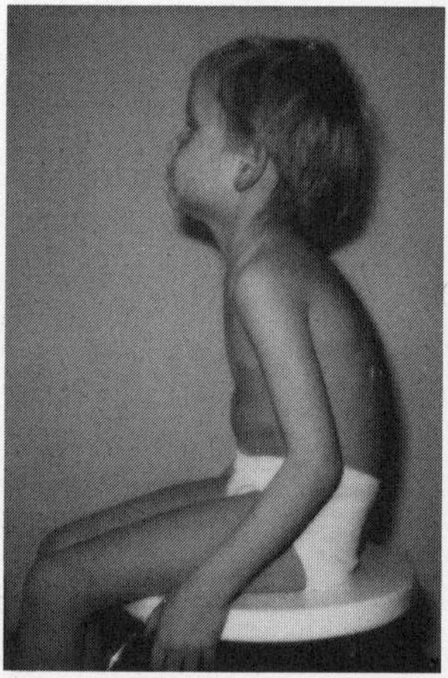

Abb. 6: Julia, *vor* der Alta Major-Therapie mit deutlichen »Fehl-Haltungen« im Hals-, Brust- und Beckenbereich

2. Zu der Vorderansicht hier:

▷ Wie verlaufen die Schultern?
▷ Wo und wie sitzt der Hals auf den Schultern?
▷ Wo setzt der Kopf bei Hals und Schultern an?
▷ Wie ist die Kopfhaltung?

Wieder skizzieren Sie mit dem Bleistift die Konturen direkt über den Fotoausschnitt auf dieser Seite.

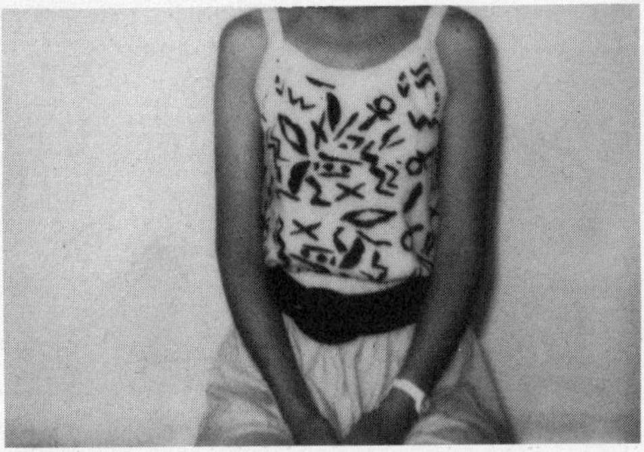

Abb. 7: Ruth, 34 Jahre, *vor* Beginn der Alta Major-Therapie, Frontansicht

Wie haben Sie Schulterlinie, Hals und Kopf gezeichnet?

- Haben Sie die Schultern eher höher oder niedriger vermutet?
- Haben Sie den Hals länger oder kürzer gezeichnet?
- Wo sitzt bei Ihrer Zeichnung der Kopf? Über den Schultern oder zwischen die Schultern »versenkt«?

Bitte blättern Sie wieder zurück, um Ihre Zeichnung zu überprüfen!

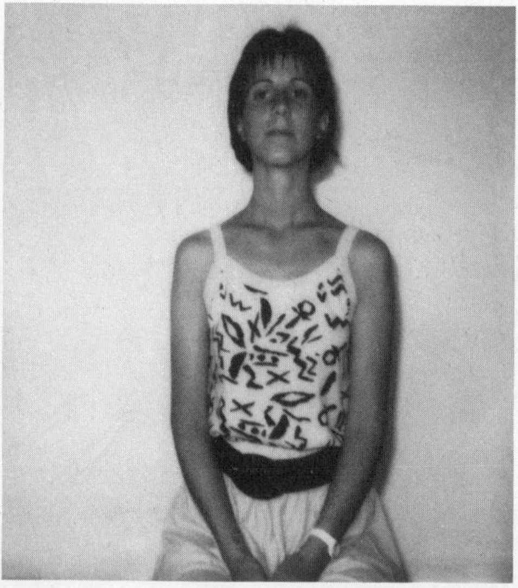

Abb. 8: Ruth *vor* Beginn der Alta Major-Therapie, Brustbild

Auf den folgenden 4 Seiten sehen Sie nun *dieselben Menschen vor und nach einer Alta Major-Erfahrung:*
Das Wunder des aufrechten Menschen – das ist auch das Wunder von Alta Major!
Wie Sie selbst bei unserer ersten Übung, werden auch die Alta Major-Teilnehmer vor der Sitzung gebeten, eine entspannte, ihnen bequeme bzw. natürlich erscheinende Haltung einzunehmen.
Bilden Sie sich nun selbst anhand der (natürlich ungestellten Fotos) Ihre Meinung darüber, was *natürlicher, gesünder, bewußter, präsenter und körpergerechter* aussieht. Auf welchen Bildern wirken diese Menschen *glücklicher,* mehr *sie selbst?*
Sie können sich selbst davon überzeugen, daß die Haltung *nach* einer Erfahrung mit der Alta Major-Methode einen ganz anderen, einen neuen Menschen sichtbar werden läßt.
Das eigentliche innere Wesen, die besondere individuelle Persönlichkeit, die sonst in Körper- und Kopfhaltung, in Gesicht- und Augenausdruck eher verborgen bleibt oder sogar unterdrückt oder verdrängt wird, kommt – oft zum ersten Mal – wirklich zur Geltung, innen und außen.

Das Wunder des aufrechten Menschen besteht darin, daß die Haltung unmittelbar spürbar und sichtbar etwas mit unserem Befinden, mit unserem Lebensgefühl, mit unserem Glück zu tun hat!

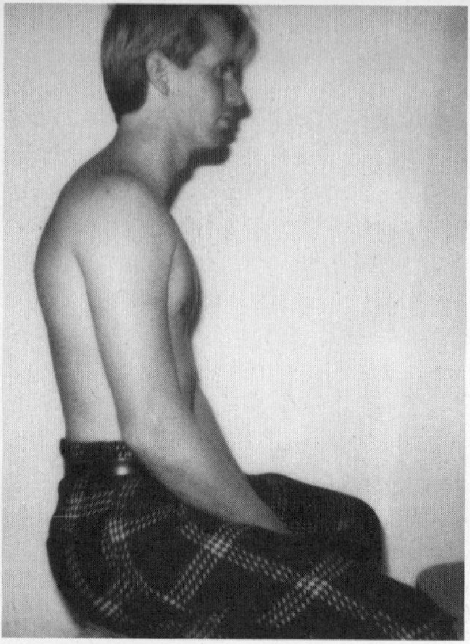

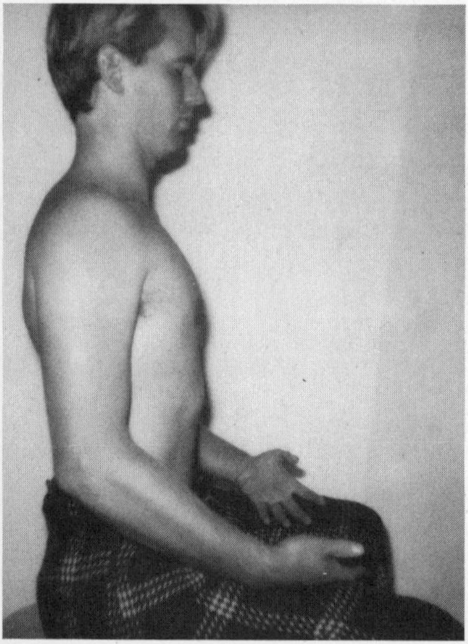

Abb. 9: Erik, 29 Jahre, *vor* und *nach* erfolgter Alta Major-Therapie im Vergleich

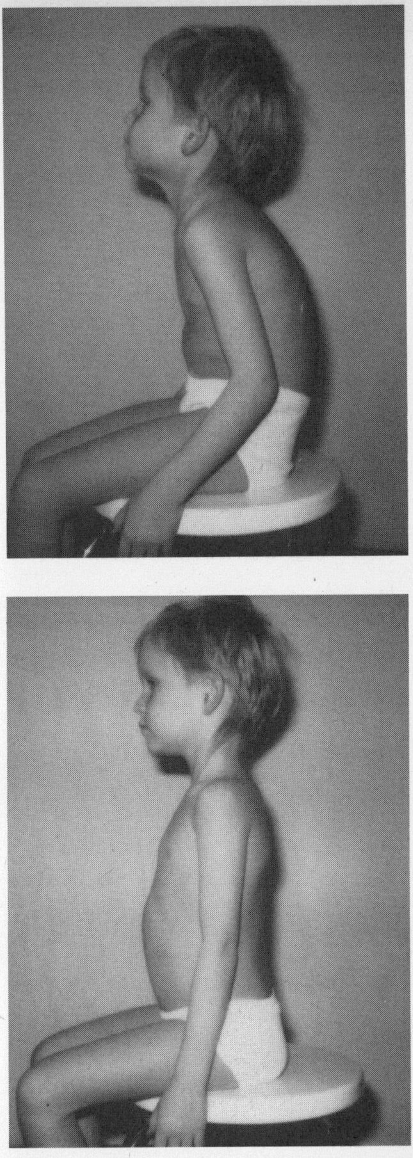

Abb. 10: Julia, 4 Jahre, *vor* und *nach* erfolgter Alta Major-Therapie im Vergleich

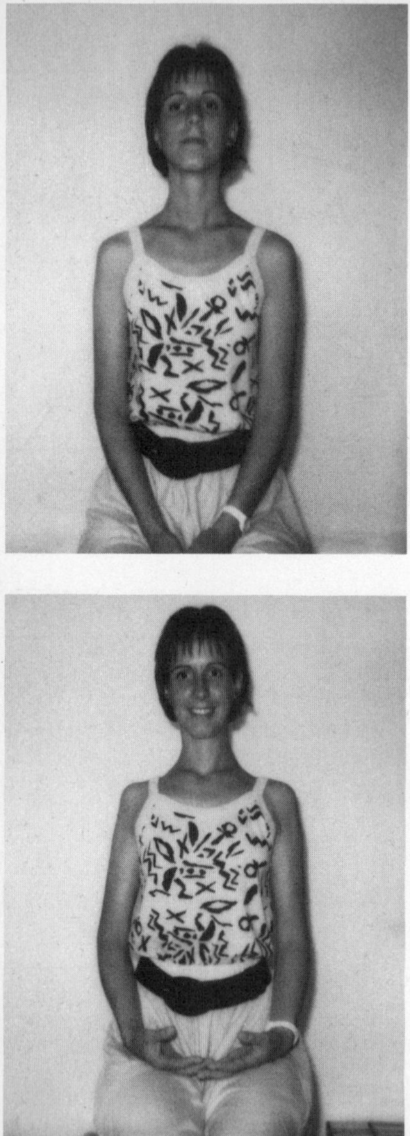

Abb. 11: Ruth, 34 Jahre, *vor* und *nach* erfolgter Alta Major-Therapie im Vergleich

Abb. 12: Tanha, 36 Jahre, vier Wochen vor der Entbindung, *vor* und *nach* erfolgter Alta Major-Therapie im Vergleich. Das schmerzhafte Hohlkreuz, das den Bauch nach vorne drückt, ist verschwunden.

▷ Spüren Sie vielleicht schon den Impuls, sich irgendwie anders hinzusetzen bzw. zu -stellen?
▷ Haben Sie eventuell fast unbewußt schon während des Lesens und Anschauens der Vergleichsfotos »vorher – nachher« eine andere Haltung eingenommen?

Alta Major geht – wie zuvor erwähnt – davon aus, daß die Vision der idealen Lebens-Haltung, die Bewußtwerdung innerer Wahrheiten, die vielleicht von äußeren Einflüssen angestoßen wurde, der Aufrichtung und Selbstverwirklichung *vorausgeht.*

▷ Wenn Sie bemerkt haben, daß Sie oder Ihr Körper sich irgendwie in der Haltung verändert haben, bzw. etwas ausprobieren möchten, dann ist dies das sichere Signal dafür, daß Sie sich bereits auf dem praktischen Weg zur Aufrichtung befinden – wenn vielleicht auch noch nicht ganz bewußt.

Auf jeden Fall ist es ein untrügliches Zeichen dafür, daß eine innere Instanz in Ihnen – die übrigens in jedem Menschen existiert – geweckt wurde und zur positiven Veränderung und Verbesserung Ihrer Lebensführung und Lebenshaltung *bereit* ist!

Gleich, welche Erfahrungen Sie während dieses Kapitels gemacht haben, möchten wir Sie bitten, Ihre Vision, Ihr Ziel, Ihren ganz persönlichen Weg zum »Du bist der neue Mensch« nicht zu vergessen.
Um die erwähnte Instanz geht es im übernächsten Kapitel. Wir haben ihr den Namen *Alta Major-Zentrum* gegeben.

4.
Der erste Schlüssel zum Alta Major-Geheimnis: Die Beziehung zwischen Gehirn und Wirbelsäule

Die bisherigen kurzgefaßten Erklärungen und sicherlich vor allem die Abbildungen haben in Ihnen bereits eine Flut von Assoziationen, Empfindungen und Gedanken ausgelöst. Und diese arbeiten nicht nur im Bewußtsein, sondern vor allem im Unterbewußten.

Alta Major strebt eine völlig neue Bewußtheit an,
- um zunächst verhärtete Fehlhaltungen zu erspüren,
- eventuell zu Ursachen vorzudringen und
- sich die Vision der natürlichen »Richtig«-Haltung (wir haben noch nicht einmal ein Wort dafür!) zu vergegenwärtigen und zu verinnerlichen,
- die schließlich ganz unmittelbar zu unserer neuen, auch äußerlich sichtbaren Körper- und Lebenshaltung wird.

Um diese Bewußtheit zu fördern, schlagen wir Ihnen jetzt zwei weitere Übungen vor.

Die zweite Übung

▷ Schauen Sie sich noch einmal die Vergleichsfotos »vorher – nachher« an, und – wenn Sie mögen – auch die Bilder von Maria und Buddha.
▷ Setzen Sie sich dann auf einen Stuhl, noch besser auf einen Hocker, *nicht* in einen Sessel, am besten vor einen

Spiegel, und empfinden Sie nun mit Ihrer Körperhaltung die *innere Haltung oder das innere Lebensgefühl* dieser Vorbilder (bzw. Idealbilder) nach.
Legen Sie dabei das Buch aus der Hand. Wenn ein Partner oder Freund da ist, lassen Sie diesen ruhig Ihre Haltung kommentieren. Es reicht, wenn Sie ein bis zwei Minuten versuchen, Ihre »richtige« = natürliche, gesunde und auch glückliche Haltung zu finden.
(Wir werden später konkrete Vorschläge zum Hineinfinden in Ihre natürlich aufrechte und sich selbst gegenüber aufrichtige Haltung machen (siehe S. 109). Jetzt geht es nur darum, daß Sie selbst ein eigenes Bewußtsein dafür entwickeln, daß Sie diese oder jene Haltung einnehmen.)
▷ Beobachten Sie zum Schluß der Übung einfach, wie Sie sich jetzt fühlen. Wacher? Klarer? Besser?

Ein Tip: Verurteilen Sie sich nicht, wenn Ihnen irgend etwas an Ihnen selbst (noch) nicht gefällt!

Zur Alta Major-Überzeugung gehört, daß alles fließt. Alles ist nur eine Momentaufnahme – alles, auch die innere und äußere Haltung, kann und wird sich wandeln und wachsen!

Die dritte Übung

▷ Wenn Sie im Zug oder im Bus sitzen, im Café oder im Gasthaus oder auch zu Hause oder bei Freunden, wenn Sie Menschen im Fernsehen zusehen, machen Sie sich einen Sport daraus, bewußt wahrzunehmen, wer in welcher Haltung sitzt oder steht oder was die Körperhaltung für eine innere Haltung zum Ausdruck bringt!
– Sind die Schultern eng um Hals und Genick herum hoch-

gezogen – voller Spannung oder Sorge, vielleicht alter Angst usf.?

- Ist der Hals etwa in der Mitte so abgeknickt, daß der eingezogene Kopf nach hinten und unten wegsackt und nach vorne wie aus der Froschperspektive hochschaut?
- Ist der Brustkorb in der Mitte eingefallen, evtl. aus einem »Schutz«-bedürfnis heraus?
- Hat jemand einen »Buckel«, also einen recht starken Rundrücken, vielleicht aus Resignation oder Überlastung?
- Sitzt der Kopf gerade auf einem aufrechten Hals, oder ist er nach vorne weggerutscht, wie das einige der »vorher«-Bilder zeigen?
- Hat jemand ein unnatürlich wirkendes Hohlkreuz oder eine übermäßig starre Rückenhaltung?
- Und welchen seelischen Eindruck strahlt dieser Mensch aus? Lassen Sie dazu in sich Assoziationen aufsteigen! Erspüren Sie, ob sich bei dem betreffenden Menschen durch seine Körperhaltung auch ein inneres Befinden ausdrückt.

Wieder ein Tip: Urteilen Sie nicht. Versuchen Sie einfach vorurteilslos, intuitiv zu erfassen, wie bestimmte Haltungen wirken, und ob es Zusammenhänge zwischen äußerer Haltung und gefühlsbedingten oder seelischen Zuständen gibt.

Natürlich wissen Sie, oder ahnen es zumindest, daß solche Zusammenhänge bestehen. Bevor wir Ihnen diese Zusammenhänge im Abschnitt »Fehl-Haltungen« (siehe S. 82) erläutern, möchten wir Ihnen die Möglichkeit bieten, sich eigene Gedanken zu machen und sich an eigene Erfahrungen zu erinnern.
»Fehl-Haltung« heißt in diesem Kontext nicht, daß es sich um einen Fehler handelt, sondern ganz wörtlich: Es fehlt noch etwas, es darf noch etwas dazugelernt werden.

Der erste wichtige Schlüssel zum Geheimnis der Alta Major-Methode liegt in einer wohlbekannten, aber fast nie recht

beachteten anatomischen Tatsache begründet, die wir hier absichtlich vereinfacht und ohne Fachausdrücke ins Bewußtsein rufen möchten.
Das Gehirn wird von uns üblicherweise als Sitz des Bewußtseins betrachtet und damit als »Feld« oder Bereich, in dem sich Wahrnehmung und Verarbeitung von Sinneseindrücken, Gedanken, Gefühlen, Erinnerungen, Vorstellungen, Träumen und Phantasien, vielleicht sogar höhere Eingebungen und spirituelle Erfahrungen vollziehen.
Wir wissen inzwischen, daß vom Gehirn über die Nervenbahnen – die zum Großteil zunächst vom Kopf über den Hals in die Wirbelsäule laufen – Impulse oder »Reize« ausgesandt und auf dem umgekehrten Weg auch empfangen werden.
Dabei hat sich die Auffassung festgesetzt – die unser Selbstverständnis in hohem Maße beeinflußt, oft genug sogar beeinträchtigt –, daß das Gehirn *eine* Sache, die Nervenbahnen eine andere und die verschiedenen Körperteile ohnehin etwas Drittes seien.

Es wird übersehen, daß es *keine* Trennung zwischen Gehirn und Nervenstrang gibt. Der zentrale Nervenstrang verläuft als »Rückenmark« durch die Wirbelsäule!
Er ist nichts anderes als quasi die *Verlängerung des Gehirns!*

Und diese Tatsache ist keineswegs trivial, wie jeder von uns selbst erfahren kann.
Ober- und Unterschenkel zum Beispiel oder Ober- und Unterarm sind jeweils zwei getrennte Körperteile, die durch Sehnen und Bänder miteinander verbunden sind und an denen entlang Blut- und Nervenbahnen laufen.

Das »markartige« Gehirn und der zentrale Nervenstrang des Rückenmarks in der Wirbelsäule kennen eine *solche* Trennung nicht.

Daraus ergibt sich, daß das Bewußtseinserleben, das im Gehirn stattfindet (für uns also »im Kopf«), *auch* in der Verlängerung des Gehirns, also im Nervenstrang in der Wirbelsäule, stattfindet – zumindest stattfinden kann, wenn wir das nicht durch Fehlhaltungen verhindern!
Sie merken, worauf wir hinauswollen. Es geht uns um *Sinn-Zusammenhänge,* deren Erkenntnis uns hilft, zu einer aufrechten Haltung von innen heraus zu gelangen.
Das *Alta Major-Zentrum* befindet sich im strategisch wichtigen Übergangsbereich, in dem sich das Gehirn in den zentralen Nervenstrang hin verlängert.

Der erste Schlüssel zum Geheimnis der Alta Major-Methode ist die Erkenntnis und Erfahrung, daß das Gehirn als Bewußtseinsfeld und die Wirbelsäule mit dem zentralen Nervenstrang und den Nervenästen als das Lot der aufrechten (Körper- und Lebens-)Haltung nahtlos ineinander übergehen und sich in ihrer Ausrichtung gegenseitig bedingen.
Über das aktivierte Alta Major-Zentrum kann diese sich wechselseitig bedingende Aus- und Aufrichtung sinnvoll gesteuert werden.

Anhand einiger Skizzen können Sie sich diese Zusammenhänge noch einmal optisch vergegenwärtigen, bevor wir dann zum Alta Major-Zentrum und dessen Bedeutung kommen.

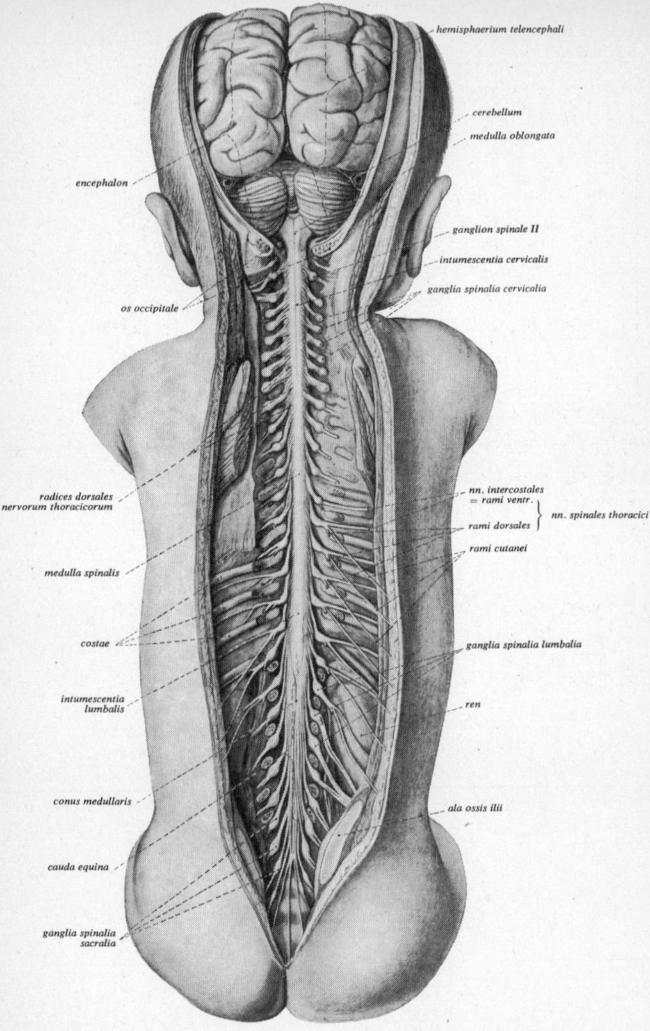

Abb. 13: Zentralnervensystem eines Neugeborenen (Dorsalansicht), Haut und Muskulatur des Rückens, Wirbelbögen und Schädeldach zum großen Teil entfernt

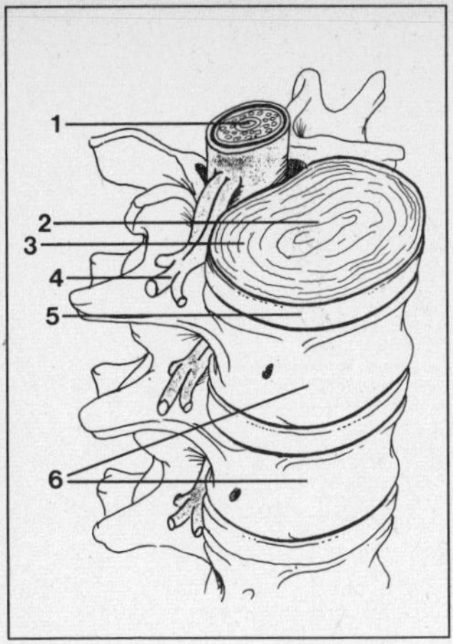

Abb. 14: Wirbelsäule mit Bandscheiben, Rückenmark und Nervenwurzeln
1. Rückenmark
2. Gallertkern
3. Faserring
4. Nervenstrang
5. Bandscheibe
6. Wirbelkörper

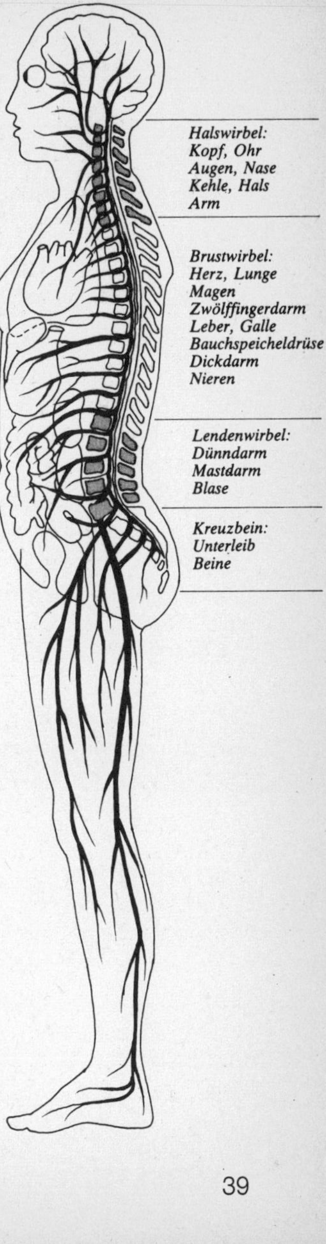

Abb. 15: Schematische Darstellung der Rückgratabschnitte mit den zugehörigen nervalen Versorgungsgebieten.

5.
Vollkommenheit als Programm: Das Alta Major-Zentrum als Schaltstelle zwischen Gehirn und Wirbelsäule

Lassen Sie uns einige Gedanken über die Entstehung des geheimnisvollen Alta Major-Zentrums entwickeln, die auf Überlegungen zur Evolution von Körper und Geist auf der Erde gründen.

Seit Jahrhunderten und Jahrtausenden schon haben Forscher versucht zu definieren, was den entscheidenden Unterschied zwischen Tier und Mensch ausmacht. Und solche Definitionen sind im Verlauf der Zeit immer wieder präzisiert oder revidiert und einem neuen Erkenntnisstand bzw. einer anderen Weltsicht angepaßt worden.

Heute wissen wir zum Beispiel, daß auch Tiere Gefühle haben, und die meisten Menschen gehen (Gott sei Dank) ebenfalls davon aus, daß Tiere wie Menschen eine Seele haben – besser sollte man wohl formulieren: eine Seele sind.

Lange meinte man, daß Tiere nicht denken könnten, daß ihr Gehirn in seinen Fähigkeiten sehr begrenzt sei. Heute weiß man vom erstaunlichen Gehirnvolumen zum Beispiel der Delphine und ihrer anders strukturierten Intelligenz, und man ist dabei zu erkennen, daß sie ihr Gehirn offensichtlich viel effizienter – nämlich »holographisch«, das heißt ganzheitlich – benutzen.

Der vermutlich bedeutsamste Umschwung in der Entwicklungsgeschichte zwischen Mensch und Tier – und wir beschränken uns hier auf den Vergleich zwischen Landsäugetieren und Menschen, obwohl ein kompetenter Vergleich zwischen Delphinen und Menschen höchst aufschlußreich wäre – *ist die Aufrichtung des Körpers aus der Waagerechten in die Senkrechte, mit ihren vielfältigen Folgen, von denen wir einige wesentliche ansprechen.*

Die Abbildungen zeigen zwei Pferde: ein Urpferd und ein Pferd unserer Tage.

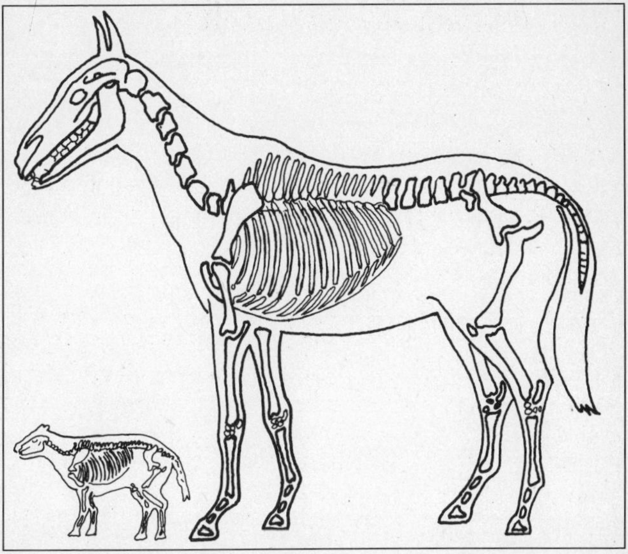

Abb. 16: Urpferd Eohippus und heutiges Pferd. Während das Urpferd einen eher waagerecht in der Verlängerung der Wirbelsäule gestreckten Hals besaß, richtete das Pferd unserer Tage den Hals bereits auf (Darstellung in Größenverhältnissen)

Das wichtigste Merkmal, das beiden gemeinsam ist:

– Das Hauptgewicht des Körpers ruht auf vier Beinen, nicht auf zweien (und in der Aufrichtung der Wirbelsäule!) wie beim Menschen.

Ein wichtiges Merkmal, das beide voneinander unterscheidet:

– Der Hals des Urpferds ist waagerecht nach vorn gestreckt, der *Hals* des heutigen Pferds hat sich *aufgerichtet,* der Kopf wird bereits deutlich höher gehalten als der Rumpf!

Wir möchten an dieser Stelle auf diesen Unterschied nur als eine offenbar bedeutsame Tatsache hinweisen, ohne darüber spekulieren zu können oder zu wollen, welche entwicklungsgeschichtlichen biologischen und zoologischen Veränderungen, vielleicht aber auch geistigen Entwicklungsprinzipien der Geschichte unseres Planeten dem zugrunde liegen.

Schauen wir uns zwei weitere Abbildungen an, die mit der Aufrichtung aus der Waagerechten in die Senkrechte zu tun haben. Die beiden folgenden Skizzen stellen Kopf, Wirbelsäule und Beckenknochen eines »Menschenaffen« und eines Menschen dar.

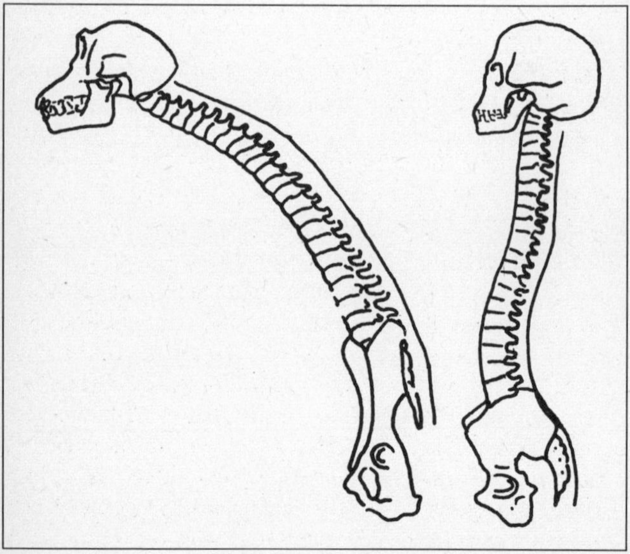

Abb. 17: Seitenansicht der Wirbelsäule eines Affen (links) und eines Menschen (rechts)

Das wichtigste Merkmal, das beiden gemeinsam ist:

– Beide haben bereits die Aufrichtung auf zwei statt vier Beine kennengelernt. Ihr Gewicht lagert nicht mehr auf vier Beinen, sondern auf zweien und damit verstärkt auf – genauer: in! – einer stabilen und dennoch mehr oder weniger flexiblen Wirbelsäule. Menschen und Menschenaffen besitzen dieselbe Anzahl an Hals-, Brust- und Lendenwirbeln. Sie haben sich bereits (Menschenaffen zumindest zeitweise) aus der Waagerechten in die Senkrechte begeben.
  Beide streben nach oben!

Wichtige Merkmale, die beide voneinander unterscheiden:

– Der Kopf des Menschenaffen wird über den Hals weiter vorgereckt als jener des Menschen. Ein ebenfalls weit vorgestreckter Kiefer- und Zahnapparat stellt Eß- und Verteidigungsverhalten (mittels des Gebisses) beim Menschenaffen buchstäblich in den Vordergrund, die »fliehende« Stirn deutet auf eine noch nicht weit fortgeschrittene Gehirnentwicklung hin. Demgegenüber ist beim Menschen die Schädelform durch die Wölbung über dem Gehirn betont, während der Schädel *über* (nicht vor) der Wirbelsäule ruht.
– Nicht abgebildet, aber leicht vorstellbar ist ein zweites Merkmal, das mit dem ersten natürlich in engster Verbindung steht. Der Mensch bedient sich der Hände in einem Maße, wie es Menschenaffen zur Zeit nicht gegeben ist. Eß- und Verteidigungsmechanismen über das vorgeschobene Gebiß sind abgelöst worden durch eigenschöpferische manuelle Tätigkeit und freie kreative Gestaltung.
– Beim Menschen ist ein relativ starkes Längenwachstum zu beobachten, sowohl im Übergang von frühen Menschen zum Homo sapiens wie auch in der Geschichte der letzten paar tausend Jahre des Homo sapiens – und sogar in diesem Jahrhundert.

Der Mensch strebt offensichtlich immer weiter nach oben, immer mehr in die Senkrechte, immer deutlicher in eine aufgerichtete Haltung. Das hat, meinen wir, geistige Gründe und spirituelle Ursachen. Die Haltung ist mit dem Bewußtwerdungsprozeß des Menschen unauflösbar verknüpft.

Sehen wir uns vier weitere Skizzen an. Diese Skizzen zeigen schematisch die natürliche Körperhaltung in vier Entwicklungsstadien des Menschen. Die ersten drei Beispiele weisen auf die mögliche gesunde, »normale« Haltung hin – obwohl es selbstverständlich immer Fehlhaltungen gab und gibt. Deshalb zeigen sie bereits aufrechte Idealhaltungen des jeweiligen Stadiums! Die vierte Skizze ist eine Vision, ein Entwurf der uns heute erreichbaren natürlichen Idealhaltung.

Abbildung 18:

a) Stellt einen frühen Menschen dar, etwa aus der Neandertalerzeit, einen sogenannten »primitiven Menschen«:
   - der Hals (das Genick) ist noch etwas nach vorn gekippt; der Kopf, vor allem das Gebiß sind vorgestreckt, und die Schädelwölbung ist noch nicht sehr weit entwickelt; im Schulterbereich wird eine Vorwölbung oder Kippung der Schulterblätter und des Armansatzes deutlich.

b) Zeigt ein Zwischenstadium:
   - das Längenwachstum wird offensichtlich (und damit die Ausrichtung nach oben); Kopf und Hals sind bereits etwas zurückgenommen; die Gehirnentwicklung bedingt eine rundere Kopfform; die Aufrichtung des Schultergürtels weist auf die fortschreitende Aufrichtung in der Gesamthaltung hin.

c) Stellt den Durchschnittsmenschen heute dar – den »Homo sapiens«:
   - Hals und Kopf sind noch weiter zurückgenommen, dabei reckt sich der Hals nach oben; die Wölbung des

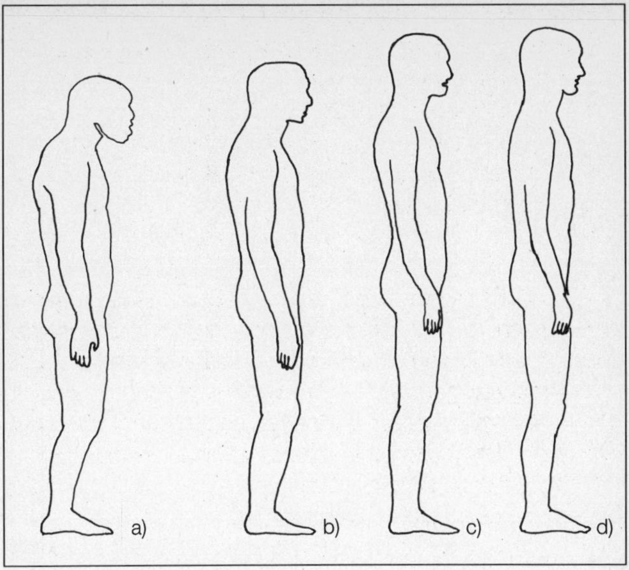

Abb. 18: a) Der primitive Mensch; b) Zwischenstadium; c) Homo sapiens; d) Homo spiritualis

Schädels betont die Entwicklung des Gehirns, vor allem im Bereich des Hinterkopfes; die Aufrichtung wird von weiterem Längenwachstum begleitet; der Schultergürtel ist ebenfalls auf die Senkrechte eingestellt.

Wenn wir diese Haltung täglich als unsere Normalhaltung erfahren, sind wir auf unserem Lebensweg weit fortgeschritten!

d) Das ist der »Homo spiritualis«, der geistig und körperlich voll bewußte Mensch, der »ganzheitliche« Mensch:
   - Der Hauptunterschied zu c) besteht im weiter nach hinten und oben »gezogenen«, in Wirklichkeit aufgerichteten Kopf, der die Wirbelsäule und besonders die Halswirbelsäule ganz streckt; dabei entsteht eine leichte Neigung des Kopfes nach unten, was vor allem an der Kinnpartie deutlich wird; überdies flacht sich das leichte

Hohlkreuz in eine ganz geringe natürliche Schwingung ab; die immer noch gut sichtbare Schwingung der Halswirbelpartie über dem Schulteransatz ist normal – sie wird durch die unterschiedliche Form der Wirbel und die Länge von deren Dornfortsätzen bedingt.

– Das Gesicht mit den äußeren Sinnesorganen wird aus der zuvor nie wirklich waagerechten, sondern vom Halsknick her oft nach oben orientierten Blickrichtung eher leicht zur Erde in eine waagerechte Augenachse geneigt, während sich der Schädel mit den »inneren Sinnesorganen« und der »inneren Wahrnehmungsfähigkeit« über das Gehirn (und bestimmte »Zentren« – im Yoga als »chakras« bekannt, die auch bestimmten Drüsen wie der Hirnanhangdrüse oder der Zirbeldrüse zugeordnet werden) ganz dem Himmel zuwendet. Man denke auch an die Symbolik der um das *Hinterhaupt* strahlenden Heiligenkränze!
– Hauptmerkmal des »Homo spiritualis« ist seine bewußte oder bisweilen auch intuitive innere und äußere Ausrichtung auf geistige Werte, seine innige Verbundenheit mit höheren Bewußtseinskräften, die er/sie durch sich wirken spürt und bewußt zuläßt bzw. fördert.

Spüren Sie einen Impuls, Ihre Haltung zu verändern, zu verbessern – jetzt, während Sie diese Gedanken lesen? Sehr gut. Das führt uns nun zum nächsten Abschnitt, in dem wir uns die Zusammenhänge – die schon kurz angesprochen wurden – zwischen Gehirn als Bewußtseinsfeld, Nervensträngen und Wirbelsäule genauer vor Augen führen wollen.
Schauen wir uns die »Lagerung« und den »Verlauf« von Schädel, Gehirn, Gehirnverlängerung, Nervenbahnen und Rückgrat einmal an.
Die Abbildung zeigt schematisch, wie im frühen Kleinkindstadium das Gehirn über die sogenannte *Medulla oblongata* seine Fortsetzung im Hauptnervenstrang findet.
(Medulla oblongata = verlängertes Rückenmark, also offensichtlich von »unten«, vom Rückgrat her betrachtet – man

könnte die Bezeichnung ja auch vom Kopf bzw. vom Gehirn her treffen und diesen Übergang zwischen Gehirn und Rükkenmark = Hauptnervenstrang »Cerebrum oblongata«, verlängertes Hirn nennen.)
Zur Erinnerung: Hirn und Nerven kommunizieren miteinander. Und diese Kommunikation vollzieht sich in beiden Richtungen – sowohl vom Hirn über Hirnverlängerung (Rückenmarksverlängerung) zu den Nerven wie von den Nerven auf dem umgekehrten Weg zum Hirn.

Eine wesentliche Frage im Rahmen der Erforschung (und über Meditation auch im Rahmen eigener Erfahrung) des menschlichen Bewußtseins lautet: *Wo befindet sich Bewußtsein?* Etwas altmodischer gefragt: *Wo wohnt die Seele?*
Wir alle wissen, daß es viele Antworten auf diese Frage gibt und fast alle Antwortversuche umstritten sind. Vielleicht müssen sie sogar umstritten bleiben, weil die Frage letztlich der geistigen Essenz, dem unstofflichen, immateriellen Geist eine feste intellektuelle und damit sprachliche Definition zuweisen will – also die Quadratur des Kreises versucht (genauer: die Verdinglichung einer formlosen Wirklichkeit).
Nicht umsonst heißt es im Taoismus: »Das Tao, was benannt werden kann, ist nicht das Tao!« »GOTT« ist genausowenig auf Worte verkürzbar wie das, was in und durch uns lebt.
Und dennoch sind Beschreibungs- und Definitionsversuche sinnvoll, *soweit* sie helfen, ein besseres Verständnis und damit eine tiefere Bewußtwerdung zu fördern.
Nur in diesem Sinne – nicht als vermeintlich absolute Wahrheiten – sind die folgenden Ausführungen gemeint!
Alta Major bietet folgende Antwort auf die Frage nach dem menschlichen Bewußtsein an:

▷ Bewußtsein wird zwar wesentlich im Gehirn verarbeitet, korreliert, »processed« in der Computersprache, aber Bewußtsein findet überall statt – sowohl in den Gehirnzellen wie in den Nervenzellen wie in den einzelnen der Trilliarden von Körperzellen. Bewußtsein ist nach Alta Major ein Sein, ein lebendiger Zustand, der sich ständig im Wandel durch Impulse innerer und äußerer »Ereignisse« befindet und einem – oft noch unbekannten – Ziel zustrebt.

Alta Major hilft, diese individuell unterschiedlichen Wandlungsprozesse bewußter zu erleben, die eigenen inneren Ziele zu erkennen und eine entsprechende Lebens-Haltung zu finden.

Blicken wir jetzt »hinein« in die Wirbelsäule, in einen schematischen Querschnitt, um weiteren Zusammenhängen zwischen Wirbelsäule und Gehirn, zwischen Körper und Geist nachzugehen.

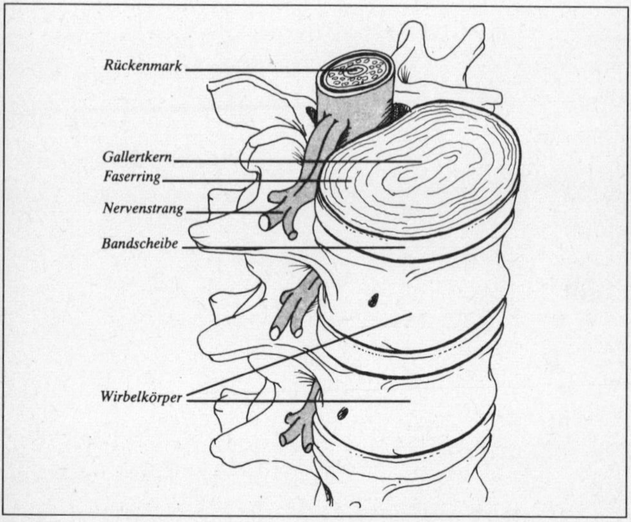

Abb. 19: Wirbelsäule mit Bandscheiben, Rückenmark und Nervenwurzeln

Zum letzten Punkt noch einmal eine Skizze.

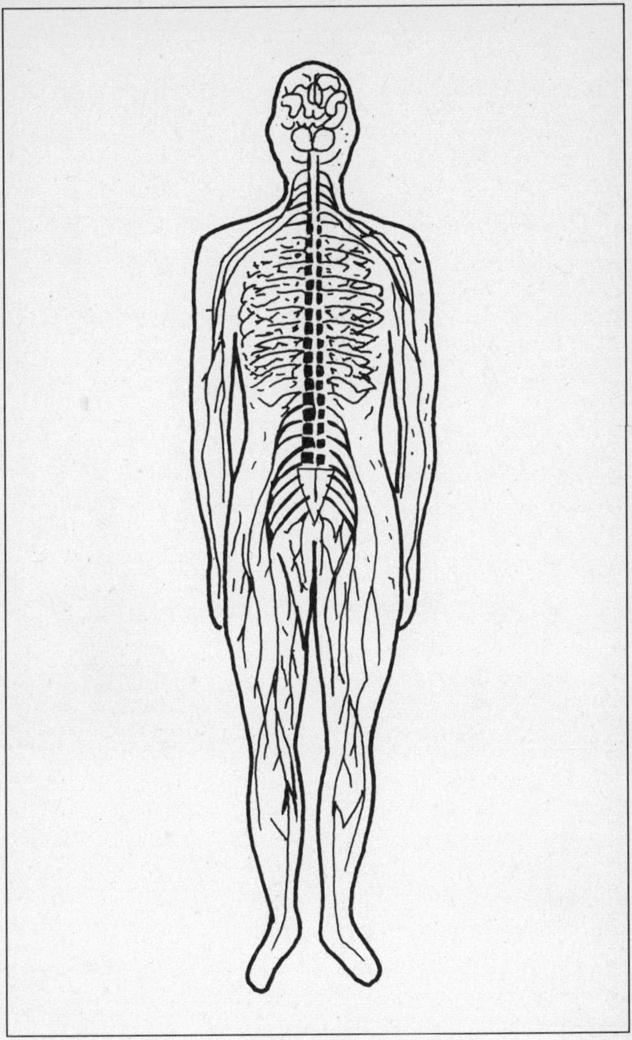

Abb. 20: Vom Gehirn treten praktisch übergangslos Nerven über das Rückenmark in der Wirbelsäule in den Körper aus

Falls Sie fragen, was das alles mit Alta Major zu tun hat – Sie werden gleich miterleben, wie die einzelnen Mosaiksteine ein einzigartiges wundervolles Bild entstehen lassen.
Nun die vorerst letzte Abbildung, die uns den Übergang von den beiden obersten Halswirbeln zum Schädel erkennen läßt.

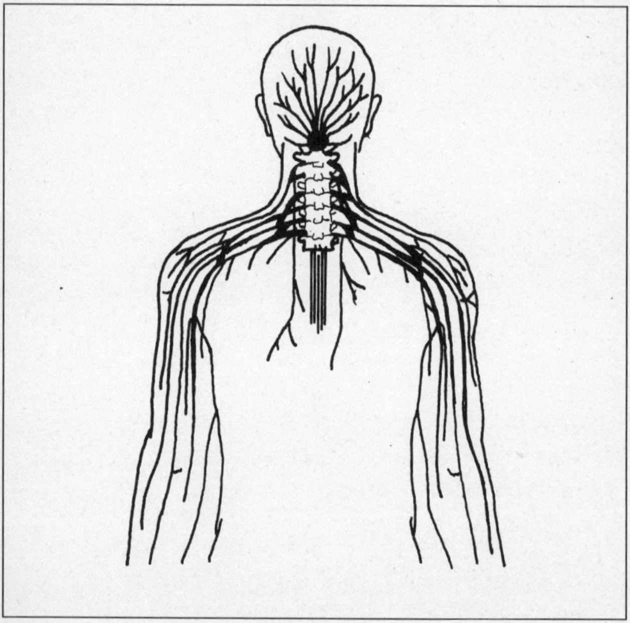

Abb. 21: Das Alta Major-Tor im Hinterkopf, am Übergang zwischen Gehirnmasse und dem Eintritt des Hauptnervenstrangs vom Kopf über den Hals in den Körper

▷ *»Axis«*, der zweite Halswirbel, verfügt über einen Zapfen bzw. ein »Scharnier«, um dessen »Achse« herum der Kopf über der Wirbelsäule gedreht werden kann.
▷ *»Atlas«*, der erste und oberste Halswirbel, trägt auf seinem kuhlenförmigen Ring die Schädelbasis.
▷ Die Medulla oblongata, die *Gehirnverlängerung*, aus der heraus sich der Hauptnervenstrang in die Wirbelsäule er-

streckt, befindet sich in der unteren hinteren Wölbung der Schädelbasis.

▷ Und diese Schädelbasis besitzt nun, damit sich der Hauptnervenstrang überhaupt in die Wirbelsäule erstrecken kann, ein Loch! Dieses Loch heißt bei uns *Alta Major-Tor!*

Somit verläuft der Hauptnervenstrang aus der Gehirnverlängerung durch die Öffnung des Alta Major-Tors hinein in die Öffnungen der Wirbelkanäle vor den knochigen Wirbelkörpern und, sich immer weiter verjüngend, die Wirbelsäule hinunter. (Wir konzentrieren uns in dieser Darstellung auf den Hauptnervenstrang im Wirbelsäulenkanal – das Rückenmark – und gehen nicht auf die direkt vom Gehirn zum Kopf und zum Körper ausgehenden Nerven ein; unter anderem deshalb, weil alle wichtigen Organe und Körperteile auch dann über besondere Nervenstränge mit dem Rückenmark verbunden sind, wenn außerdem noch spezielle direkte Nervenverbindungen zwischen ihnen und dem Hirn existieren.

> Sicher leuchtet ein, gleich, welche Lebensanschauung man vertreten mag, daß jede unnatürliche Verbiegung, jedes Abknicken, jede Verschiebung und Verlagerung, jegliche Versteifung der Wirbelsäule oder einzelner Partien dazu führen *muß*, daß der Informations- und Bewußtseinsfluß über den Hauptnervenstrang vom und zum Hirn gestört, beschränkt oder sogar unterbrochen wird (die Chiropraktiker wissen das sehr gut).

Solche Störungen führen nicht nur zu körperlichen Schmerzen, sondern eben leider auch zu psychischen, emotionalen und geistigen Leiden, »Ein-« und »Verklemmungen« etc. Beeinträchtigungen der freien, natürlich aufrechten (und damit aufrichtigen) Haltung in jeder Partie zwischen Kopf, Schädelbasis, Halswirbelansatz und -haltung am Alta Major-Tor, Aufrichtung der Halswirbel-, der Brustwirbel- und schließlich

der Lendenwirbelsäule führen zu entsprechenden Beeinträchtigungen der körperlichen Gesundheit und der seelischen Gesundheit!
Umgekehrt führen seelische Belastungen, Leiden, Verletzungen und Nöte aber auch zu Verschiebungen des wichtigsten »verlängerten Organs« des Gehirns, des Hauptnervenstrangs, der ja in der »Röhre« der offenen Wirbelkanäle verläuft und damit auch auf die Wirbelsäule und die gesamte Haltung eines Menschen wirken kann!

Die innere geistige Instanz, über welche die »richtige«, d. h. natürliche Aufrichtung des Schädels mit Schädelbasisloch und der Wirbelsäule mit Rückenmark und »verlängertem Gehirn« maßgeblich gesteuert werden kann, ist das Alta Major-Zentrum.

Das Alta Major-Zentrum ist ganz entscheidend für die körperliche und seelische Lebens-Haltung und das Lebens-Bewußt-Sein!

Mit der exakten Lokalisierung des Alta Major-Zentrums ist es so ähnlich wie mit der genauen Ortung des geistigen Bewußtseins oder des spirituellen Herzens.
Vielleicht fangen Sie jetzt an zu verzweifeln. Tun Sie das bitte nicht – wir geben Ihnen gleich eine klare Antwort auf diese Frage. Aber zuvor noch einige weiterführende Assoziationen dazu:
Die Ägypter sahen bekanntlich das Herz als Sitz der Seele an, womit sie aber *nicht* etwa das Organherz meinten, sondern ein in der Brustmitte gelegenes Zentrum.
Dieses geistige oder spirituelle Herz kennen wir als »Sitz« des Selbst-Bewußt-Seins auch aus indischen und christlich-mystischen Anschauungen.
Ähnlich verhält es sich mit dem Alta Major-Zentrum:

Es ist einerseits ein Zentrum, das einem bestimmten Organ zugeordnet wird, andererseits aber gleichzeitig auch ein immaterielles »Bewußtseinsfeld« bzw. eine »Steuerungszentrale«.

In der *körperlichen Zuordnung* ist das Alta Major-Zentrum in der Verlängerung des Gehirns im Übergang zum Hauptnervenstrang zu finden, also in der »Medulla oblongata«.

In der *»feinstofflichen« Zuordnung* ist das Alta Major-Zentrum jeweils dort, von wo der *Aufrichteimpuls* zur inneren und äußeren Aufrichtung bzw. die *Aufrichtekraft* herkommt. Das kann auch ein Punkt oder eine Partie – über Bewußtseinsimpulse im Rückenmark – der Wirbelsäule sein.

Darüber hinaus bezeichnen wir den imaginären Punkt *über* dem letzten Halswirbel, dem Atlas, gerade in der Mitte und über dem Loch in der Schädelbasis, durch welches die Gehirn- bzw. Rückenmarksverlängerung verläuft, als den *Alta Major-Punkt.*

– Das *Alta Major-Zentrum* ist also die innere geistige Instanz, das Bewußtseinsfeld, welches Aufrichteimpuls und Aufrichtekraft auslöst und steuert.
  Im Sinne der Auffassung, daß Bewußtsein nicht immer auf das Gehirn beschränkt sein muß, wirkt diese Instanz zwar vom Alta Major-Zentrum in der Gehirn- bzw. Rückenmarksverlängerung aus, ist aber nicht darauf limitiert, sondern kann sich durchaus auch im Rücken, im Hauptnervenstrang in der Wirbelsäule »bemerkbar« machen (ganz besonders über und im Herzchakra oder dem Scheitelchakra).

- Der *Alta Major-Punkt* ist jener imaginäre archimedische Punkt, der uns die innere Bestimmung für die Aufrichtung der Wirbelsäule (und der Lebens-Haltung) anzeigt. Er stellt sozusagen den räumlichen Zielpunkt für unsere geometrisch-räumliche Körperintelligenz dar. Man könnte ihn den »Zugpunkt« für die Wirbelsäule nennen. (Denn einerseits bedarf es der Aufrichtekraft in der Wirbelsäule, andererseits aber auch des Zugs auf einen bestimmten Punkt nach oben hin.)
- *Das Alta Major-Tor* ist dagegen der Dreh- und Angelpunkt an einer der strategisch wichtigsten »Knickstellen« unseres Bewußtseins und damit unserer Aufrichtung in der Wirbelsäule, direkt zwischen Kopf und Hals, wo sich oft die gravierendsten Knickprobleme niederschlagen und festsetzen (siehe dazu auch die Abbildung 21, Seite 50).
  - ▷ Haben Sie während des Lesens Ihre Haltung zu verändern gesucht?
  - ▷ Haben Sie ab und an Ihren Kopf gereckt oder Ihren Hals gestreckt oder sich im Brustbereich vielleicht mehr aufgerichtet bzw. weiter geöffnet?

Wir haben inzwischen die Zusammenhänge von Körper und Geist, von Gehirn und Wirbelsäulenhaltung, zwischen Bewußtsein und Lebens-Haltung aus der Sicht von Alta Major etwas kennengelernt.
Und wir sind auch mit der Terminologie von Alta Major bekannt gemacht worden.
Nun geht es in den Schlußspurt unseres Rundlaufs durch ein ganzes Stadion (Stadium) von geistigen Entwürfen – es geht zum Ziel, das gleichzeitig unser Ausgangspunkt war (im nächsten Kapitel gibt es dann wieder praktische Übungen nicht nur für die Körperintelligenz, sondern auch für die Körpersubstanz!).

Auf Ziel und Start zugleich weist die Kapitelüberschrift: *Vollkommenheit als Programm!*

Vollkommenheit als Programm: Alta Major hegt eine besondere Liebe für Rosen – natürlich als Symbol der Liebe und des Herzens, aber auch, weil die Rose mit ihrer hoch über dem Stil aufgerichteten Blüte zum Sinnbild von Alta Major geworden ist.
Die nach oben geöffnete Blüte steht dabei für die zur göttlichen Schöpferkraft in uns offene Bewußtseins-Haltung. Der Stiel steht für die standhafte und doch flexible, den jeweiligen (Wetter-)Verhältnissen anpassungsfähige »Wirbelsäule«.
Und der Übergang zwischen Blüte und Stiel entspricht dem Alta Major-Zentrum. Interessanterweise bildet sich an dieser Stelle bei der Heckenrose die Hagebutte, welche die Samenkörner der nächsten Blumen in sich trägt.
Und noch ein Impuls aus dem Vergleich zwischen Rose und Menschenbild nach Alta Major. Die Rose ist im Boden verwurzelt. Nur die rechte Verwurzelung im Boden erlaubt ihr, ihre Blüte hoch hinauf zu recken.

Abb. 22: Die Alta Major-Rose, die Ihnen täglich den Impuls zum Aufrichten schenkt!

Das gleiche gilt für uns. Nur, wenn wir mit beiden Beinen auf dem Boden ruhen, haben wir das notwendige Fundament, um unser Aufwärtsstreben und unsere Aufrichtung erfolgreich zu verwirklichen. Nur eine rechte Verwurzelung gestattet uns, daß wir unser schöpferisches Potential und die uns innewohnende Lebensfreude auch im Alltag erfahren.
(Dies wird später noch bei den Beispielen zu Fehlhaltungen und Übungsvorschlägen aufgegriffen, siehe dazu Seite 82).
Vielleicht freuen Sie sich ja am Bild der Rose genauso wie wir. Vielleicht kann Ihnen dieses Bild einen Impuls zu Ihrer Haltung vermitteln. Wir bei Alta Major geben jedem Teilnehmer nach seiner ersten Alta Major-Erfahrung eine Rose mit auf den Heimweg.

»Vollkommenheit als Programm« – darin steckt eine Verheißung, die verbal nur schwer »einzulösen« ist. Wir wollen es dennoch versuchen.
Durch die moderne Forschung wissen wir heute intellektuell, was Weise und Meister/innen seit Zeitaltern intuitiv erkannt oder unmittelbar erlebt haben: daß es eine Einheit allen Lebens und der gesamten Schöpfung gibt.
Diese Einheit erstreckt sich unter anderem darauf, daß wir *alle* Teile *einer* Natur, *einer* Welt, *einer* Schöpfung sind – so getrennt wir uns so oft, vor allem in Streit, Krankheit oder Tod, empfinden mögen.
Wir erleben die Einheit in der allen Menschen gleichen Betroffenheit über globale Probleme wie der Gefahr durch radioaktive Verstrahlung, Veränderungen im Klima durch Ozonlöcher, Umweltverschmutzung, Kriege und Epidemien sowie Naturkatastrophen.
Wir können diese Einheit bereits zum Beispiel auch an der gemeinsamen Teilhabe *einer Luft* nachvollziehen: wir atmen Atome und Moleküle ein, die zuvor Körperteil oder vielleicht sogar Atemluft anderer Lebensformen waren.
Wir trinken Wasser, das zuvor durch einen fast ewigen Kreislauf der Natur gegangen ist. Sie werden schnell Ihre eigenen Assoziationen dazu entdecken.

Es gibt ja per definitionem nichts, was nicht Teil der Schöpfung wäre! Alles ist mit allem verbunden – wenn auch häufig unsichtbar und unbemerkt.
Die Einheit, von der wir sprechen, erstreckt sich nicht nur auf die Zusammenhänge zwischen verschiedenen Lebensformen, sondern ist auch innerhalb einer Lebensform auffindbar. Heute ist es Allgemeinwissen, daß *jede Körperzelle die Gesamtinformation*, den genetischen Code des ganzen Menschen in sich birgt. Meistens wird nun davon ausgegangen, daß diese Gesamtinformation hauptsächlich oder sogar nur etwas über die körperliche Beschaffenheit des Menschen aussagt, über seine »Körperprogramme« wie Haar- und Augenfarbe, Funktionsweise der Zellen in den verschiedenen Organen etc.
Der große Psychologe C. G. Jung hat darauf aufmerksam gemacht, daß im Menschen – auf geheimnisvolle, noch nicht geklärte Weise – viel mehr angelegt sei: im sogenannten kollektiven Unbewußten sind demnach quasi alle Erfahrungen, Gefühle und Gedanken der Kultur, aus der man stammt, gespeichert und wirken auf uns ein – oft genug durch Auftauchen sogenannter Archetypen, also Urbilder der gemeinsamen Entwicklungsgeschichte einer Menschheitsgruppe bzw. letztlich der ganzen Menschheit.

Alta Major geht noch weiter und sagt: In uns sind nicht nur die Urbilder vergangener Menschheitserfahrungen angelegt, sondern ebenfalls Urbilder unserer derzeitigen und zukünftigen Bestimmung!

Alta Major nennt diese positiven Archetypen oder Urbilder unserer Bestimmung, unseres Sinns und unserer wahren inneren Lebens-Haltung auch Formbilder.
Diese Formbilder sind individuell unterschiedlich, weil unser Lebensweg individuell unterschiedlich ist. Mag das Ziel eigentlich auch dasselbe sein – im Christentum Auferstehung

und Erlösung, in anderen spirituellen Wegen Erleuchtung oder vollkommene Selbstverwirklichung, für wieder andere Menschen Einheit im Sein oder in Gott –, so sind die Wege dorthin doch nicht dieselben.
Alta Major geht indes davon aus, *daß* in jedem Menschen Formbilder angelegt sind und diese über die bewußte Ausrichtung auf das Alta Major-Zentrum erschlossen werden wollen.

Allen Formbildern aller Menschen ist gemeinsam, daß sie jenen Zustand und jene Lebens-Haltung zum Ausdruck bringen, welche die größtmögliche Aufrichtung des Menschen zu seinem eigenen, inneren, höchsten Ideal *von sich selbst* vor-geben!

Sie selbst wissen am besten, was Ihr eigenes Lebensideal ist! Je mehr Sie in sich hineinspüren, desto überwältigendere Ideal- oder Formbilder werden Sie in sich entdecken. Manche Meditationsformen, aber auch Gebet oder einfaches In-die-Stille-gehen können Ihnen dabei helfen, Ihre »Urbilder« des menschlichen Lebens von der Einheit mit sich selbst und der Schöpfung zu finden.
Alta Major hilft, diese Urbilder zu Form-Bildern werden zu lassen, die von innen heraus zur Vervollkommnung Ihres Lebenswegs beitragen – indem Sie die Ihnen gemäße Lebens-Haltung finden. Das nächste Kapitel läßt aus dem, was vielleicht noch als Theorie erscheint, sehr schnell eigene Praxis werden.

6.
Der zweite Schlüssel zum Alta Major-Geheimnis: Die Kunst der Berührung

Wie können wir nun einen Zugang zu diesen inneren Formbildern bzw. Vor-Bildern gewinnen? Die Betrachtung eines äußeren Bildes kann bereits eine große Hilfe sein – vielleicht haben Sie das selbst inzwischen schon feststellen können. Bevor wir selbst nicht wissen, in welchen Haltungen wir uns momentan befinden, können wir nicht verstehen, daß auch wir in unserer Haltung andere Menschen anstecken. Und doch steckt so viel mehr in uns: Am Ende geht es doch darum, wie wir gemeint sind.
Unsere Lebensaufgabe besteht ja *nicht* darin zu versuchen, ein »Abziehbild« von Maria oder Buddha oder einem anderen großartigen Menschen zu werden – das würde ohnehin nur zu einer vermutlich ziemlich schlechten, vielleicht sogar verzerrten »Kopie« eines unnachahmlichen »Originals« führen. Sondern wir wollen und können, vielleicht auch müssen, doch »nur« zur wahren Stephanie, zum echten Johannes, zur wirklichen Brigitte oder zum eigentlichen Georg werden.
Wir können (oder müssen) nur eines verwirklichen: authentisch so zu sein und so zu leben, wie wir nach unserem inneren Lebensplan gemeint sind. Wir gehen im 8. Kapitel darauf noch näher ein. Jeder Mensch zieht eine andere Vorgehensweise vor – vielleicht liegt es Ihnen näher oder fällt es Ihnen leichter, wenn Sie dort zunächst mehr über den philosophischen Hintergrund lesen. Wir haben uns entschieden, möglichst immer zuerst die praktischen Aspekte in den Vordergrund zu stellen.

Kein äußeres Ideal oder Idol, sondern das *eigene* in uns gespeicherte Formbild stellt die wirksamste Hilfe zur inneren und äußeren Aufrichtung unserer Lebenshaltung dar.
In unseren Bewußtseinsfeldern sind nicht nur genetische, biologische und psychische Impulse und Prozeßverfahren gespeichert, sondern auch ein geistiges Abbild unseres Körpers, einschließlich der Körperform oder Körperhülle und des jetzigen Zustands.
Zu diesen geistigen Abbildern gehören die Ursachen und Wirkungen unserer persönlichen Entwicklungsgeschichte – also zum Beispiel die Ereignisse, welche dazu führten, daß wir die Schultern vor Angst und Schrecken hochgezogen hatten oder im Bereich der Brustwirbel nach vorne eingeknickt sind, sowie eben unsere psychischen und körperlichen Reaktionen darauf. Unsere *Körpersprache* ist der sichtbare Ausdruck jener Abbilder, die sich verfestigt bzw. festgesetzt haben.
Man kann übrigens davon ausgehen, daß sich diese Abbilder auch in die betreffenden einzelnen Körperzellen eingeprägt haben. Die Arbeit von Alta Major besteht unter anderem darin, sich der geistig eingeprägten Abbilder bewußt zu werden und ihre körperlich verfestigten Entsprechungen in den Zellen wiederaufzulösen.
Denn was nutzt das beste chiropraktische Einrenken, wenn das in Muskeln und Zellen gespeicherte Abbild von Ursache und Wirkung jenes Ereignisses, welches die Fehlhaltung ursprünglich ausgelöst hatte, nicht ebenfalls »eingerenkt«, d. h. gelöscht bzw. durch ein Formbild ersetzt wird?
Diese geistigen Bilder setzen sich aus vielen Einzelinformationen über die einzelnen Körperteile zusammen. Ein Vergleich soll helfen, ein größeres Verständnis dafür zu entwickeln.
Vielleicht haben Sie schon einmal holographische Bilder, sogenannte Hologramme, gesehen oder sind sogar mit dem holographischen Bilder-Aufnahme- und Wiedergabeverfahren bekannt. Zur Veranschaulichung läßt sich das innere, geistige Abbild des Körpers mit einem Hologramm vergleichen:

- Das Hologramm zeigt ein dreidimensionales Bild, das man hin und her drehen kann, um z. B. »hinter« einer Frau noch ihren Hund zu sehen. Es gibt auch große Objekte dreidimensional wieder, als ob sie im Hologramm »enthalten« seien, obwohl dieses doch nur ein dünnes Stück Papier oder Kunststoff ist.

  Dieses Bild wird allerdings nur bei hellem Laserlicht sichtbar, welches direkt darauf gerichtet wird.
- Das innere Abbild des ganzen Menschen und damit des ganzen Körpers wird ebenfalls nur sichtbar, wenn das »Licht« des Bewußtseins darauf scheint. Je nachdem, welchen Bereich des Bewußtseinsfeldes wir ansprechen, wird uns das geistige Bild des betreffenden Körperteils oder der Körperform »dreidimensional« be-greifbar. Unser geistiges Auge kann das »Abbild« wie mit einem Lichtstrahl abtasten und erfassen.
- Wir unterscheiden zwischen Ab-Bildern des derzeitigen Ist-Zustands eines Menschen und seiner Körperform und Form-Bildern der Entwicklungsmöglichkeiten bzw. des Entwicklungsauftrags.

> Das Abbild zeigt etwas, was jetzt ist – das Formbild wirkt darauf hin, was noch werden soll. Beide sind Teil unserer »Körperintelligenz«.

Diese Abbilder und Formbilder lassen sich sehr unmittelbar über die Berührung erschließen! Dabei kommt es auf die Art und die Wahrnehmung der Berührung an – deshalb spricht Alta Major von der »Kunst der Berührung«. Wir stellen am Ende dieses Kapitels zwei Übungsfolgen dazu vor, eine für die Allein-, die zweite für die Partnerübung. Und im Kapitel 8 über Vision als den dritten Schlüssel zum Alta Major-Geheimnis lesen Sie mehr darüber, wie Formbilder außer durch die Berührung noch erschlossen werden können.
Wir haben bereits erwähnt, daß die Nervenstränge quasi

Verlängerungen des Gehirns sind und damit unmittelbar Teil eines wunderbaren, komplexen Bewußtseinsfeldes, in dem sich Erfahrungen, Gefühle, Gedanken, Erlebnisse etc. und deren Verarbeitung, Umsetzung, Vergleich usf. vollziehen, und aus dem heraus auch innere und äußere Reaktionen erfolgen.
Wir haben ebenfalls darauf hingewiesen, daß die Aufrichtung des Lebewesens vom Vierbeiner über den Menschenaffen zum Menschen vor allem durch den Gebrauch der Hände charakterisiert wird, die nun eine lebensbestimmende Rolle spielen wie nie zuvor bei anderen Lebewesen.
Über die Nerven werden Bewußtseinsimpulse von Organen, Körperteilen und Körperhülle auch aus weiter entfernt gelegenen Bereichen, aus der Peripherie sozusagen, ins zentrale Bewußtseinsfeld übermittelt – und umgekehrt. (Wir wollen die Frage des eigenständigen Zellbewußtseins hier nicht mit behandeln.)
Diese Nerven sind an einigen Stellen des Körpers besonders »registrierfähig«, nämlich an Zunge, Füßen und eben besonders an den Händen. (Wenn wir akute Schmerzen irgendwo haben, dann werden wir natürlich auch vom jeweils betroffenen Organ oder Körperteil aus sehr »registrierfähig«!)
Probieren Sie doch gleich einmal die Fähigkeit Ihrer Hände, »Informationen« (man kann das auch ruhig Gefühle nennen) zu erfassen, aus.

Legen Sie das Buch einen Augenblick lang aus der Hand und falten Sie die Hände vor der Brust oder dem Bauch wie beim Gebet. Schließen Sie dabei Ihre Augen und »machen« Sie nichts, sondern nehmen Sie nur wahr, was Sie spüren.

Sie können diese Übung auch mit einem Partner/ einer Partnerin machen, indem ein Handpaar das andere umschließt.

▷ Spüren Sie Wärme oder Kühle?

▷ Ertasten Sie eher weichere oder eher festere Hand- und Fingerballen?

▷ Bleiben Ihre Hände leicht und ohne Anspannung ganz parallel zueinander, oder haben sie eher die Tendenz, sich zwischen Handgelenk und Fingerspitzen zu öffnen, als ob sie einen runden Gegenstand halten?

Wenn wir ein Bild anschauen, »tasten« wir es mit den Augen ab. Wenn wir etwas berühren, »tasten« wir ebenfalls ab. Die Hände gelten als Hauptorgane unseres Tastsinns.

Zu einer bewußten, sinnvollen und mit-fühlenden Berührung, die Information übermittelt, gehören wichtige Voraussetzungen, welche im folgenden der besseren Übersichtlichkeit halber tabellarisch aufgeführt werden.

Nun also zur Kunst der Berührung:

Die Berührung kann zwischen einem Menschen und einem anderen Menschen (oder auch Tier) erfolgen sowie zwischen einem Menschen und einem Gegenstand.

Die Reihenfolge der nachstehenden Hinweise zur Einstellung auf die bewußte Berührung ist individuell verschieden.

▷ Möchte ich etwas erspüren oder möchte ich etwas erspüren *lassen?* Stelle ich meine Hände oder meine Schultern zum Beispiel einem anderen zur Verfügung, damit er gewisse Erfahrungen machen kann?

Entscheiden Sie sich bewußt – zumindest zeitweise – für das eine oder das andere, weil sich Ihre Erlebnistiefe dann verstärken kann. Erleben Sie möglichst bewußt, daß die Aufmerksamkeit je nach Ihrer Entscheidung *anders* ausgerichtet wird.

▷ Falten Sie vor der Berührung Ihre Hände, um sich ganz auf die Tast- und Registrier- wie auch Leitfähigkeit der Hände einzustellen. Das ist hilfreich, gleich, ob die Berührung aktiv oder passiv ist.

▷ Am besten können Sie etwas über die Hände erspüren, wenn sie *beide* Hände benutzen. Dadurch werden beide Gehirnhälften angesprochen und die »Körperintelligenz«, die Form erkennt, aktiviert – ihr inneres dreidimensionales Hologramm leuchtet sozusagen auf.

▷ Sie spüren noch intensiver, wenn Sie die Augen während der Berührung schließen! Dann können innere Abbilder des Ist-Zustands bzw. Form-Bilder der Entwicklungschancen Ihnen noch deutlicher vor Ihrem geistigen Auge erscheinen, ohne daß Sie durch Bewußtseinsimpulse über die physischen Augen abgelenkt werden.

▷ Bei Alta Major wird während der Berührung *nichts* »gemacht«! Weder der aktive noch zunächst der passive Partner verändert seine Haltung bzw. seine Hände *während* der Berührung.

Ein Streichen, Massieren, Streicheln usf., so schön es als körperliche und emotionale Erfahrung ist, *verhindert,* daß jeweils ein Bereich der Körperform bzw. -hülle wirklich ganz bewußt aktiv und passiv registriert werden kann.

Als Vorgriff auf die folgenden Übungen: Jede vorzeitige Veränderung der Haltung verhindert, daß der Ist-Zustand äußerlich und innerlich wach wahrgenommen und das so gewonnene Abbild bewußt mit dem eigenen Formbild verglichen werden kann.

Bei Alta Major wird nichts gezogen oder gezerrt oder anders hingerückt und gedrückt. Alles bleibt *zunächst* so, wie es jetzt gerade ist. Der Weg von Alta Major führt zum eigenen inneren Heiler und über das Alta Major-Zentrum zur bewußten Ausrichtung auf das jeweils noch zu verwirklichende Formbild.

▷ Lassen Sie sich Zeit. Alta Major-Berührung bedeutet Bewußtseinsschulung, nicht manuelle Therapie! Wenn man bei einer Berührung – gleich, ob eines Gegenstands oder eines Lebewesens – einige Zeit verbleibt, in Ruhe und Zuwendung und mit Respekt und Aufmerksamkeit, dann kann sich eine Erlebnis- und Bewußtseinstiefe entwickeln, die Ihnen unmittelbar den Blick auf Abbilder bzw. Formbilder freigibt. Daraus wiederum entwickelt sich jene dynamische Eigenenergie im

Menschen, welche die Aufrichtekräfte auf harmonische und natürliche Weise mobilisiert und zu einer Selbstwandlung führt.

▷ Bei Alta Major bittet der aktiv Berührende vor der Berührung die Partnerin / den Partner um Erlaubnis, sie/ihn berühren zu dürfen.

Denn jede Berührung ist eine sehr intime Begegnung und Kommunikation nicht nur zwischen zwei Körpern, sondern zwischen bewußten Lebewesen mit Gefühlen und psychischen Reaktionen und natürlich zwischen *zwei Seelen.*

Der Ablauf der Berührung bei der Alta Major-Methode sieht vereinfacht so aus:

- Vorbereitung mit Erspüren der eigenen Hände und Bitte um Erlaubnis, den anderen berühren zu dürfen.
- Berührungsphase 1: sich aktiv bzw. passiv auf die Berührung einstellen bzw. einlassen. Augen schließen!
- Berührungsphase 2: die eigene bzw. fremde Körperform erspüren.
- Berührungsphase 3: den Ist-Zustand registrieren, als geistiges Abbild der Körperform.
- Berührungsphase 4: offen sein für intuitive Wahrnehmung eines Formbildes bzw. Vorbildes für diese Körperform.
- Berührungsphase 5: innerer Vergleich zwischen Abbild des Ist-Zustands mit dem Formbild des Idealzustands.

In der Alta Major-Sitzung bzw. dem -Seminar folgt *danach* die Chance für den passiv Berührten, daß er sich *selbst* in seiner Haltung verändert, *wenn* und *so, wie* das eigene Formbild ihm über das Alta Major-Zentrum dazu den Impuls gibt.

Die richtige Berührung ist eine Kunst, die man nur durch andauernde Erfahrung und Einfühlung erwerben kann. Bei Alta Major nimmt diese Erfahrung und Einfühlung in den Sitzungen und Seminaren eine zentrale Rolle ein.

Die vierte Übung – zum Alleinüben

Der Sinn dieser und der nächsten Übung ist die Bewußtwerdung über den eigenen Körper, noch nicht eine Therapie. Bewußtes inneres und äußeres Begreifen und Ertasten ist der Schlüssel zu Alta Major-Erfahrungen, also dem Erleben der inneren und äußeren Aufrichtung in unsere natürliche aufrechte Haltung, die – Sie wissen es ja bereits – immer auch integraler Bestandteil unserer Lebenshaltung ist.

Machen Sie bei Alta Major *nichts*, was Ihnen weh tut oder Ihnen unangenehm ist!

Am besten fangen Sie mit dieser Übung im Sitzen an, um auch immer wieder ins Buch hineinschauen zu können; später, wenn Sie die Übungsfolge aufgenommen haben, wollen Sie vielleicht auch im Liegen üben.

▷ Für alle *Sitzübungen* gilt: Setzen Sie sich entspannt auf die Vorderkante eines Stuhls in einer Haltung, die Ihnen angenehm ist.

▷ Für alle *Liegeübungen* gilt: Legen Sie sich entspannt auf den Rücken, am besten auf eine warme Decke auf den Boden.

▷ Zur Erinnerung und Einstimmung noch einmal: Mit den folgenden Übungen wollen wir vor allem den Ist-Zustand unserer Haltung und Wirbelsäule be-greifen.

> Und achten Sie bitte auch ganz wach darauf, was sich in Ihrem Bewußtsein während der Übungsfolge ereignet.

A. Erspüren der Halswirbelsäule über deren Dornfortsätze

- Legen Sie beide Hände mit eingekrümmten Fingern (nicht Daumen) zueinandergewandt so auf die Mittellinie Ihres Halses, daß Sie mit den Fingerspitzen »in« den Hals hineinspüren können und an die Dornfortsätze anstoßen – also an das, was Sie durch Haut, Muskeln und Fett von der Wirbelsäule spüren können.
  Erspüren Sie nur – mit geschlossenen Augen –, wie sich Ihre Halswirbelsäule anfühlt, und beobachten Sie innere oder äußere Reaktionen auf das Ertasten. Registrieren Sie, wo und wie die Lage der einzelnen Dornfortsätze ist.
- Nach circa ein bis zwei Minuten können Sie nun Ihren Kopf ein wenig nach links bzw. rechts drehen und ihn nach unten neigen bzw. nach oben richten.
  Erspüren Sie dabei, wie sich Ihre Halswirbel verändern, welche Drehungen und Verschiebungen auftreten.
  Registrieren Sie wieder, wo und wie die Lage der einzelnen Dornfortsätze, die an den Wirbeln austreten, *jetzt* ist.
- Es mag sein, daß Sie bereits jetzt ein inneres Gefühl dafür entwickeln, welche Kopf- und Genickhaltung Ihnen am liebsten ist bzw. am wohlsten tut.
  Wahrscheinlich werden Sie im Liegen die Dornfortsätze Ihrer Halswirbelsäule viel deutlicher spüren können, weil während des Sitzens Rücken- und Halsmuskeln in einer gewissen Spannung gehalten werden, die es anfangs manchmal erschwert, wirklich tief hinein in den Hals zu tasten, ohne Schmerzen zu empfinden.

B. Erspüren des Schädelansatzes über dem Hals

- Nehmen Sie nun die Hände etwas auseinander und tasten Sie etwas weiter nach oben zum Ansatz des Schädels über dem Hals. Erforschen Sie dieses Gebiet, indem Sie immer eine Weile auf einem Punkt *bleiben.*
  Sie können sich bis zum Schädelansatz jeweils hinter den Ohren vortasten.
  Lassen Sie Ihre Augen dabei wieder geschlossen.

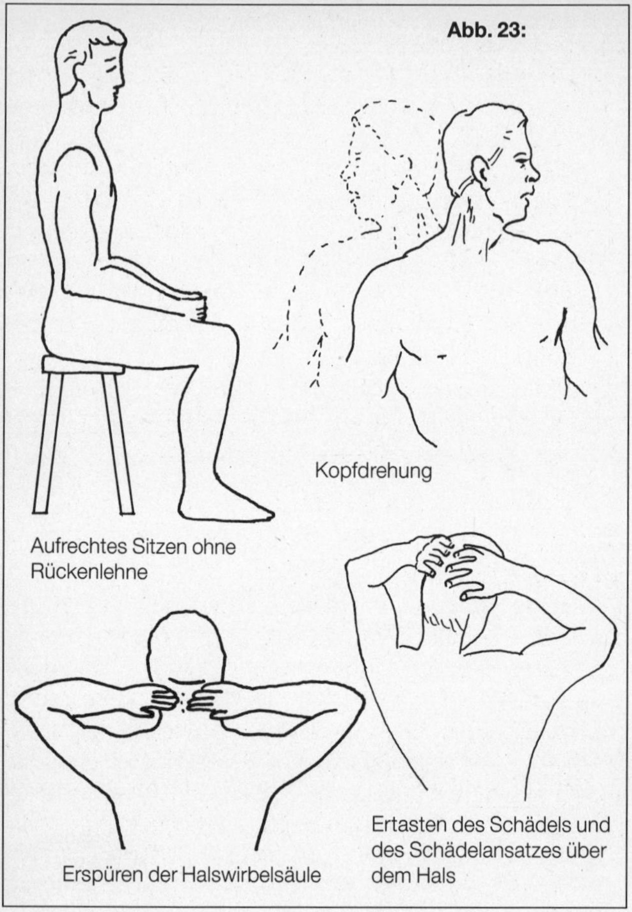

Abb. 23:

- Danach legen Sie beide Hände wie eine Schale flach um Schädel und Hals, um die Rundungen und Übergänge zu erspüren – außerdem fühlt sich das für die meisten Menschen einfach gut an.
  Verschränken Sie dabei Ihre Finger nicht ineinander, weil das vom Gespür des Hinterkopfes und Halses über die Hand- und Fingerflächen ablenkt.

C. Erspüren von Brustwirbeln in der Schulter- und oberen Rückenpartie

Die Brustwirbel beginnen unterhalb des am stärksten hervorstehenden Halswirbels, der deshalb auch »Prominens« genannt wird.

– Führen Sie Ihre Hände hinter dem Rücken so zum oberen Teil der Wirbelsäule *unterhalb* des Halses, daß Sie mit den Fingerspitzen die dort befindlichen Dornfortsätze ertasten können.
  Forcieren Sie aber nichts! Es reicht, wenn Sie mit Ihren Armen und Händen nur bis zu einem oder zwei Wirbeln unterhalb des »Prominens« hinreichen.
  Registrieren Sie, wo und wie die Lage der Dornfortsätze ist. Spüren Sie vielleicht auch, wie die »Linie« Ihrer Wirbelsäule in diesem Bereich verläuft. Lassen Sie dabei die Augen möglichst geschlossen.

D. Erspüren des Brustbereichs mit Brustbein und Schlüsselbeinen

– Nehmen Sie nun Ihre Hände vor den Brustbereich und erfühlen Sie mit den Fingerspitzen Ihrer zueinandergewandten gekrümmten Hände abschnittsweise vom Brustbeinanfang unterhalb der »Kuhle« des Adamsapfels (also unterhalb der beiden Schlüsselbeinknochen) Ihr Brustbein. Verweilen Sie wieder etwas an jeder Stelle.
– Registrieren Sie bewußt die Form des Brustbeins, seinen Verlauf (ob es gerade oder gebogen ist, irgendwo hervor- oder zurücktritt) – bis zum Ende des Brustbeins über dem »Bauch« (dem Solar plexus), dort, wo die untersten Rippen jeweils links und rechts ansetzen.
– Dann nehmen Sie Ihre Hände wieder nach oben und spüren mit den Fingerspitzen nach unten die beiden Schlüsselbeinknochen von der Mitte nach außen entlang – bis hin zum Schultergelenk.

Der Sinn dieses Übungsteils: Über das Brustbein läßt sich die Wirkung der Haltung der Wirbelsäule für den Brustbereich erspüren, aber auch reflektorisch die entsprechende Wirbelsäulenpartie (und damit Rückenmark und Nerven) stimulieren.

E. Erspüren der Lendenwirbel über das Kreuzbein bis zum Steißbein über deren Dornfortsätze bzw. den Knochenbau

– Nehmen Sie dann Ihre Hände hinter den Rücken, etwa in Höhe der Taille (sowohl oberhalb wie unterhalb Ihrer Gürtelhöhe), und führen Sie wieder die Fingerspitzen der zueinandergewandten gekrümmten Hände auf die Dornfortsätze der Lendenwirbelsäule.
  Spüren Sie vom Anfang der Lendenwirbelpartie – auf dem Rücken ungefähr dort, wo vorn der Bauchnabel ist – langsam und abschnittsweise hinunter über das Kreuzbein, zwischen den Beckenknochen und bis zum Steißbein. Dazu müssen Sie möglicherweise Hosenbund oder Gürtel etwas öffnen, um direkt auf der Haut fühlen zu können, falls Ihre Kleidung Sie beim Erspüren behindert.
– Lassen Sie sich wieder genug Erlebnis-Zeit.
– Sie können dann auch einmal beide Hände bzw. deren Fingerspitzen *unter* die Sitzhöcker (also die Gesäßknochen) legen und dann Ihre Beckenhaltung ein wenig verändern und dabei die Veränderungen registrieren.
– *Nur,* wenn Sie dabei keinerlei Anstrengung spüren, können Sie am Schluß auch Ihre Wirbelsäule *oberhalb* der Taille – im Brustwirbelbereich – über die dort hervortretenden Dornfortsätze ertasten und auch die gerade oder irgendwie geschwungene Linie wahrnehmen.

F. Erspüren der Kopfhaltung

– Probieren Sie nun einmal behutsam aus, ob und welche Impulse Ihnen eine veränderte Kopfhaltung für Ihre Gesamthaltung geben kann (am besten im Sitzen oder im Stehen spürbar).

Abb. 24:

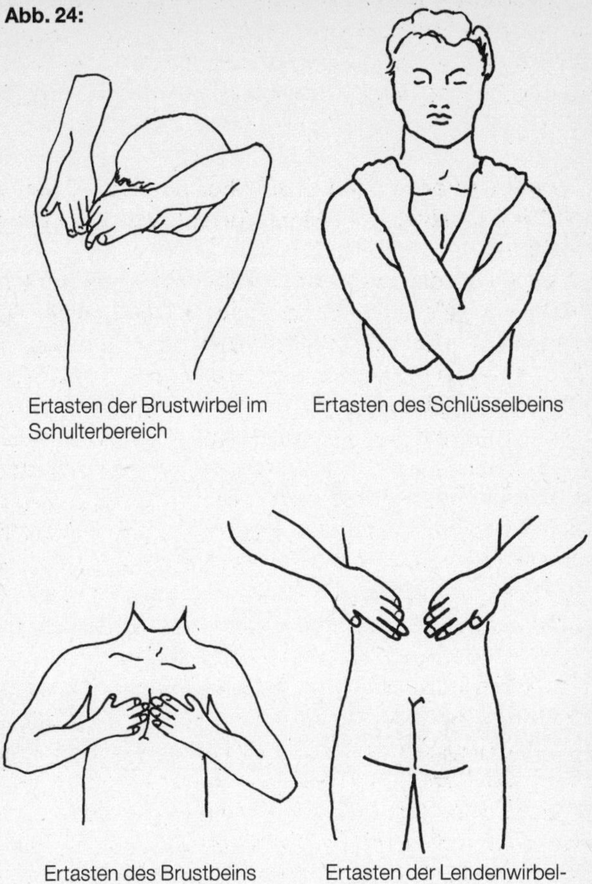

Ertasten der Brustwirbel im Schulterbereich

Ertasten des Schlüsselbeins

Ertasten des Brustbeins

Ertasten der Lendenwirbelpartie

Was »passiert«, wenn Sie den Kopf bewußt ein wenig nach vorn und unten neigen, *so als ob am Alta Major-Punkt ein behutsamer Zug nach oben besteht?*
Das ist also eine Übung der Verbindung des In-sich-Hineinspürens über dem Ende der Wirbelsäule und der sich daraus ergebenden Haltungsverwandlung.

G. Erspüren der Füße und Zehen

- Beugen Sie sich zum Schluß dieser Übung vor, und umschließen Sie mit der linken Hand Ballen und Zehen des linken Fußes und gleichzeitig mit der rechten Hand Ballen und Zehen des rechten Fußes, vorn an den Fußspitzen. Wieder registrieren Sie mit geschlossenen Augen, welche Impulse vom Bewußtsein zu den Füßen und umgekehrt gesandt werden – immer möglichst mit geschlossenen Augen.
- Danach ergreifen Sie nur einen Zeh bzw. Ballen nach dem anderen und achten auf die »Botschaften«, die Sie von diesen Zonen erhalten bzw. dorthin schicken.

Alta Major hat eine spezielle *Alta Major-Reflexzonenarbeit* entwickelt, die sich von der herkömmlichen Reflexzonenmassage dadurch unterscheidet, daß nicht primär gestrichen oder massiert wird, und nicht der Behandler die evtl. schmerzhafte Spannung auflöst, sondern der Behandelte über sein Bewußtsein selbst. Dabei wird über spezielle Punkte am Fuß jeweils ein ganz bestimmter Bereich der Wirbelsäule angesprochen. Durch diese Stimulierung werden also Aufrichteimpulse der Wirbelsäule in ihre natürliche Haltung verstärkt (Übungen dazu im Folgeband »Das Tor zu Licht und Wahrheit – Alta Major-Gymnastik«).

Die fünfte Übung – mit Partnerin oder Partner

Diese Übungsfolge ist bitte *nicht* als Therapie mißzuverstehen – dazu ist der einzelne im Regelfall noch nicht ausgebildet –, sondern wiederum als Chance der Bewußtwerdung.
Partnerübungen erlauben unserer Körperintelligenz, durch Vergleiche ganz andere, vielleicht auch völlig neue Körper- und Haltungserfahrungen zu machen.
Der entscheidende Prozeß besteht dabei in der – oft noch gar nicht in den Einzelimpulsen nachvollziehbaren – Informationsübermittlung zwischen berührtem Körperteil und inneren Ab-

bildern der Körperhülle und -haltung des geistigen Auges und sich daraus evtl. ergebenden Rück-Vergleichen mit innewohnenden Formbildern einer aufrechten/aufrechteren Haltung.
Wenn sich durch die Verarbeitung dieser hin- und herfließenden Informationen über das Alta Major-Zentrum ein Impuls zur Veränderung der Haltung beim passiv Berührten ergibt, so ist das durchaus begrüßenswert.

Dennoch sollte man sich zunächst die Zeit nehmen, den Ist-Zustand zu erfassen.

Über die Rückkoppelung innerhalb einer Person existiert auch ein – noch nicht sehr weitgehend erforschter – nonverbaler Informationsfluß zwischen den beiden Partnern und ihrer jeweiligen Bewußtseins-Haltung. Im Rahmen dieses Einführungsbuches können wir darauf jedoch nicht näher eingehen.

Achtung: Der aktiv berührende Partner darf an der Haltung des passiv berührten *nichts verändern* oder verschieben!

▷ Es ist am günstigsten, wenn beide Partner/innen während der gesamten Übung die Augen geschlossen halten.
▷ Bei dieser Übungsfolge sitzt der passiv Berührte so auf einem Stuhl, daß der andere Partner seine Hände leicht auf dessen Rücken legen kann, also genügend Platz zwischen Rücken und Stuhllehne vorhanden ist.
▷ Seien Sie sich bitte als aktiv Berührender, sicher, daß der passiv berührte Partner Ihrer Berührung zustimmt. Fragen Sie lieber vorher noch einmal ausdrücklich, oder bieten Sie an, sich selbst als erster berühren zu lassen.

A. Hände auf Schultern

- Locker beide Hände mit den Handflächen von hinten links und rechts auf den oberen Rand der Schulterblätter legen.
  Dabei liegen die Finger ein wenig auf den Schlüsselbeinen. Nicht mit den Händen drücken oder pressen, sondern sie wirklich nur leicht wie Kinderhände auflegen.
  Nehmen Sie sich beide Zeit, in die aktive bzw. passive Berührung hineinzuspüren.
- Der aktive Partner versucht, die »fremde« Körperform zu erfassen, der passive nimmt sein Körpergefühl und den Ist-Zustand seines Körpers im berührten Bereich wahr. Sind die Schultern zum Beispiel gleich hoch, besteht eine Spannung im Schulterbereich, ist eine Schulter eher weiter nach vorn geschoben als die andere?

B. Hände auf Rücken und Brustbein

- Die linke Hand liegt mit der Handfläche auf der Mitte des Brustbeins (nicht zu hoch greifen, weil es dann zu einem Engegefühl um die Schilddrüse kommen kann und außerdem das Herzzentrum dann nicht mehr reflektorisch angesprochen wird).
- Die rechte Hand liegt zunächst in derselben Höhe flach auf dem Rücken, zwischen den Schulterblättern. (Es bleibt Ihnen beiden überlassen, ob Sie mehr über die ganz flache Hand oder auch bewußt über die Handballen spüren – die etwas festeren Handballen lassen den passiven Partner seine Wirbelsäule möglicherweise intensiver erfassen.)
- Erspüren Sie beide zunächst Ihr jeweiliges Körpergefühl und auch dessen innere Abbilder, ohne die Hände zu bewegen.
- Dann legt der aktive Partner seine rechte Hand nacheinander entlang der Wirbelsäule auf verschiedene Zonen der Wirbelsäule bis hinauf zum Hals und danach bis hinunter zum Kreuzbein und schließlich zurück in die Mitte zwischen die Schulterblätter.
  Dabei ist ganz wichtig, nicht entlang zu streichen, sondern

die Hand immer wieder richtig abzuheben und neu aufzulegen.

Die linke Hand verweilt immer auf der Mitte des Brustbeins.

- Erspüren Sie – wieder aktiv und passiv – mögliche »Knicke« in verschiedenen Bereichen, zum Beispiel im Hals-, Brust- oder Lendenwirbelbereich.

C. Hände umschließen Schultergelenke

- Nun stellt sich der aktive Partner an die Seite des sitzenden und legt eine Hand mit der leicht gewölbten Handfläche um die Vorderseite des Schultergelenks und die andere leicht gewölbt auf den dahinterliegenden oberen Teil des Schulterblatts.
- Dasselbe wird auf der anderen Körperseite wiederholt.
- Beobachten und erspüren Sie den Sitz des Schultergelenks, dessen und des Schulterblatts Ausrichtung und ob der passive Partner irgendeinen Impuls zur Veränderung seiner Haltung spürt. Der aktive Partner ist bereit, mit den Händen zu *folgen*, aber nichts zu veranlassen.

D. Erspüren der Hals- und Kopfhaltung

- Die linke Hand des aktiven Partners liegt wieder auf der Mitte des Brustbeins,
  die rechte liegt flach auf der Halswirbelsäule – *ohne* irgendeine Bewegung.
- Das gibt beiden Partnern die Chance, die Kopf- und Halshaltung zu erfassen, also die »Körpergeometrie« von Brusthaltung und entsprechender Wirbelsäulenausrichtung einerseits und im Verhältnis dazu Ausrichtung der Halswirbelsäule und des Kopfes andererseits.
- Sitzt der Hals *vor* der Wirbelsäule am Rumpf oder direkt darüber?
  Sitzt der Kopf *vor* dem Rumpf oder direkt in der lotrechten Aufrichtung über der Wirbelsäule?

E. Erspüren der Kopfachse

- Legen Sie die linke Hand auf die Stirn und die rechte Hand leicht gewölbt auf oberen Hals und Schädelansatz. Erspüren Sie nun die Kopfachse.
- Ist das Kinn nach vorn und/oder nach oben gereckt? Sitzt der Kopf gerade auf dem obersten Halswirbel, oder gibt es unter dem Schädelbasisloch – dem Alta Major-Tor – einen Knick?
- Eventuell möchte der passive Partner seinen Kopf ein wenig hin und her bewegen, vor allem etwas nach oben bzw. nach unten neigen, um seine eigene Kopfhaltung noch besser zu erfassen.

> Jede Veränderung der Kopfhaltung sollte aber *nur sehr* langsam und behutsam vorgenommen werden – um wirklich hineinspüren zu können.

Wieder folgt der aktive Partner lediglich jeder kleinsten Bewegung, ohne irgend etwas zu »machen«.

F. Beendigung der Übungsfolge mit der »Rosenhaltung«

- Zum Schluß werden beide Hände wie nach oben geöffnete Blütenblätter bzw. wie eine Schale von hinten um den Ansatz der Schädelbasis und den Hinterkopf gelegt – mit den Handflächen nach innen, die Finger liegen leicht seitlich an.
- Erspüren Sie nun Ihre Kopfhaltung insgesamt.
  Wie ist der Jetzt-Zustand?
  Spürt der passive Partner einen Impuls, sich nach oben zu recken?
  Lassen Sie sich immer genug Erlebnis-Zeit.

Schließen Sie diese Übung ab, indem Sie Ihre linke Hand auf den Brustbereich in Höhe des Herzens legen und Ihre rechte in gleicher Höhe zwischen die Schulterblätter. Legen Sie zum Schluß wie zu Beginn Ihre Hände auf beide Schultern.

7.
Die Wirbelsäule als Anzeiger alter und neuer innerer Probleme

Zur Erinnerung noch einmal Skizzen der natürlich aufgerichteten Wirbelsäule – erst im Stehen, dann im Sitzen.
Abbildung 25 zeigt, daß im Stehen zumeist zwei ganz normale »Schwingungen« oder leichte S-Kurven in der Wirbelsäule auftreten:

▷ Erstens im Lendenwirbelbereich, aufgrund einer Verschiebung des Beckens und des Kreuzbeins, die sich mit dem Aufrichten des Menschen auf zwei Beine (statt vier) ergibt – also ein nur sehr leichtes »Hohlkreuz«;
▷ Zweitens beim Übergang von Brustwirbeln zu Halswirbeln im Schulterbereich.

Selbst diese leichte Schwingung im Stehen *muß* nicht immer sein.
Abbildung 25 zeigt das Idealbild bzw. Vor-bild einer natürlich aufgerichteten Wirbelsäule *im Sitzen*:
▷ Die Aufrichtung im Bereich zwischen Brustwirbeln und Halswirbeln sollte im Sitzen ebenso »im Lot« sein wie im Stehen.
▷ Der *wesentliche Unterschied* liegt darin, daß sich die Wirbelsäule im Sitzen im Bereich der Lendenwirbel gerade aufrichten sollte. Becken und Kreuzbein werden dabei so abgekippt, daß die Wirbelsäule im Lendenwirbelbereich (siehe Pfeil) senkrecht nach oben führt.
Das funktioniert aber nur, wenn die Wirbelsäule im Übergang

Abb. 25:

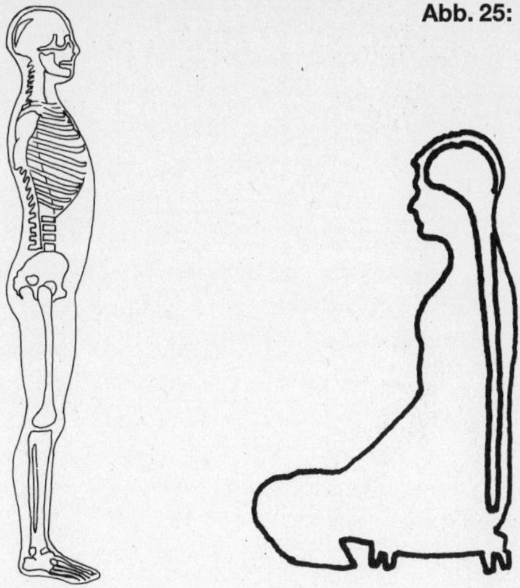

Idealbild der Wirbelsäule im Stehen

Idealbild der Wirbelsäule im Sitzen

vom Kreuzbein zu den unteren Lendenwirbeln überhaupt noch flexibel ist! Das nach oben ausgerichtete Kreuzbein dient dann als Basis für die innen aufrechte Wirbelsäule.

Für beide Abbildungen gilt, daß wir nicht die *Krümmung der Wirbelsäule in sich* mit der *scheinbaren Krümmung* verwechseln dürfen, welche durch die unterschiedliche Länge und Ausrichtung und damit durch das unterschiedlich weite Hervortreten der *Dornfortsätze* bewirkt wird. Siehe Abbildung 26, S. 80.

Dies ist eine häufig übersehene Tatsache. Sie werden übrigens auf fast allen Abbildungen in schulmedizinischen Büchern die Wirbelsäule als relativ stark gebogen und geschwungen gezeichnet finden. Diese Art der Darstellung entspricht zwar vielleicht dem bedauerlichen Durchschnitt,

nicht aber dem Idealbild einer vollbeweglichen natürlich aufgerichteten Wirbelsäule. Hier ist nicht der Ort, auf die Ursachen und Konsequenzen aus dieser Sicht des Menschen einzugehen. In einem indischen Handbuch zur ayurvedischen Medizin findet sich eine der wenigen richtigen Darstellungen einer natürlichen aufrechten Wirbelsäule. Die meisten schulmedizinischen Anatomiedarstellungen stammen von Wirbelsäulen Toter, die flach auf dem Rücken liegend seziert wurden, bzw. von Fehlhaltungen Kranker.
Eine »Ideal-Wirbelsäule« gibt es als *statische* Wirklichkeit nicht. Die vorbildliche Wirbelsäule soll biegsam sein, vor allem im Lendenwirbelbereich, wo der moderne Mensch oft starke Verspannungen oder sogar Versteifungen hat, und die Aufrichtekraft zu einer geraden Wirbelsäule besitzen, vor allem im Lenden- und Halswirbelbereich. Auch in ihrer aufrechten Haltung ist die Wirbelsäule natürlich nichts Starres oder Erstarrtes.

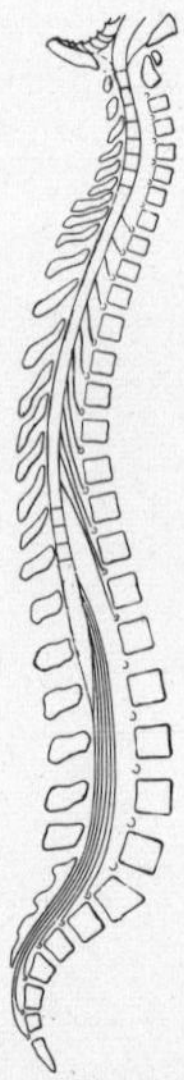

Abb. 26: Wirbelsäule: Lage des Rückenmarks im Wirbelkanal

Nun folgt eine Übersicht über typische »Fehl-Haltungen«. Diese Zusammenstellung sollte nicht dazu verleiten, anzunehmen, daß die beispielhaft genannten »Fehl-Haltungen« isoliert oder in »Reinkultur« auftreten müssen. Vielmehr verbinden sich häufig mehrere von ihnen miteinander.

▷ Zum Beispiel wird oft eine »Fehl-Haltung« durch eine andere »kompensiert«. Wenn Sie die Knie im Stehen stark durchdrücken, entsteht als Reflex »automatisch« ein mehr oder weniger extremes (natürlich ungesundes) Hohlkreuz.
▷ Und genauso oft überlagern sich »Fehl-Haltungen«. Alte – letztlich leider untaugliche – psychologische Schutzmechanismen graben sich ins Körperbewußtsein ein und bleiben dort, obwohl die betreffende Situation längst vorüber ist, und neue kommen immer wieder hinzu.
Das Einziehen des Kopfes zwischen die Schultern während vieler Stunden im Luftschutzraum, zusammengekauert in der Erwartung eines schlimmen Bombenangriffs, das sich noch Jahrzehnte später in der Haltung ablesen läßt, wird vielleicht überlagert von Altersresignation, die sich in zusammengesackten Schultern bemerkbar macht.

Dennoch werden hier Einzelelemente aufgezeigt, um die bewußte Wahrnehmung von »Fehl-Haltungen« zu schulen.
Und damit Sie sich nun aber nicht »falsch programmieren«, schlagen wir vor, zwischendurch mal wieder zu den Bildern von Maria oder Buddha oder auch den Alta Major-Teilnehmern nach einer Sitzung bzw. einem Seminar zurückzublättern.

Typische »Fehl-Haltungen«, Knicke und Versteifungen

Kopfhaltung:

»Versteck spielen« – man will nicht zeigen, wer man wirklich ist – oft mit Halsknick gekoppelt – Hinterkopf nach hinten und unten gezogen, Blick nach oben:

- *man will sich wichtiger machen, als man ist bzw. glaubt zu sein* (wenn beispielsweise gleichzeitig das Kinn nach vorn gereckt wird). Dabei wird in der Körpersprache etwas zum Ausdruck gebracht, was oft ein Überspielen des eigentlichen seelischen Prozesses ist.
- *duckmäuserisches Hochschauen* (wenn zum Beispiel der Kopf gleichzeitig eingezogen wird und man dadurch einen Rundrücken macht).

»Paß-nur-auf!« – vor- und hochgereckte Kiefer-, Gebiß- und Kinnhaltung, gleichzeitig Hinterkopf nach hinten und in einen starken Halsknick gezogen:

- *Aggressivität oder Drohung* (erinnert an das Zähnefletschen der Tiere).

»Schräglage« – schräg nach links oder rechts geneigter Kopf:

- *oft übertriebenes Anpassungsbedürfnis*, man möchte Verständnis zeigen, sich »geneigt« halten (die Gefühle der anderen werden ernster genommen als die eigenen).

Bei den jeweils angegebenen Deutungen handelt es sich selbstverständlich nicht um ein unumstößliches Urteil, sondern um fundierte Hinweise und Hilfen, damit Sie sich selbst eine eigene Meinung bilden können, die vielleicht besonderen individuellen Umständen Rechnung trägt. Das gilt auch im folgenden.

Halshaltung:

»Schildkröte« – so nennen wir das verschreckte Zusammenziehen des Halses, der quasi zwischen den Schultern verschwindet; die Schultern werden zu einem Schutzpanzer:
– *Angst* aus unterschiedlichen Gründen.

»Mäuschen« – das ist die Kombination von vorgerecktem Hals mit gleichzeitig vorgestrecktem Kopf und Nase:
– *Neugier* oder
– *Vorsicht.*

Der Hals ist vorn und hinten »eigentlich« natürlich gleich lang. Wenn der Hals nun hinten im Genick »kürzer« erscheint, dann ist die Halswirbelsäule so eingeknickt, daß die Wirbel wie in einer »Haarnadelkurve« liegen und meist Nackenfalten verursachen.

Schultern:

»Tarnkappe« – dabei werden die Schultern hochgezogen, manchmal mit gleichzeitigem Einziehen des Kopfes:
– *Angst, man will sich schützen*, oder
– *man möchte am liebsten gar nicht wahrgenommen werden* und drückt
– *Unsicherheit* aus.

»Panzerschrank« – hier werden die Schultern nach vorn zusammengezogen – oft mit vorgerecktem Kopf und Rundrücken verbunden:
– *wieder ein verhärteter Schutzreflex*, oder
– *man steckt sich in eine Ritterrüstung, um Angriffe abprallen zu lassen,* oder
– *mangelnde Flexibilität und Lebensfreude.*

»Tarzan« – dabei reckt man die Brust in extremer »Hab-Acht«- bzw. Imponierhaltung nach vorn und oben, wie manchmal im Militärdienst gefordert; dabei geht das Kinn mit nach oben und zeigt

– *aufgesetztes Imponiergehabe, man »brüstet« sich.*

Brustbereich:

»Schatztruhe« – dabei entsteht im Brustbeinbereich der Knick nach innen, oft gleichzeitig mit vorgezogenen Schultern, der die Brust einfallen läßt oder eindrückt, mit eventuell entsprechend negativen Folgen für die Tätigkeit der Thymusdrüse, dem Zentralorgan unserer körpereigenen Abwehrfunktion und Zentralstelle unserer Herz-Energie.

– *Schutz des Herzens*, weil man tiefe Verletzungen erfahren oder oft bzw. schwer ent-täuscht worden ist. Das Herz wird verschlossen; manchmal wird man für Angriffe »von hinten« – »hinterrücks« – um so verletzbarer. Die Schulterblätter geben den Bereich des Herzens im Rücken frei.

Der eingefallene Brustraum und das starke Vorziehen der Schultern ist manchmal leider so vorgeschritten und verfestigt, daß sich die beiden sogenannten großen Brustmuskeln zwischen Schultern und Brustbein bereits verkürzt haben.

Lendenwirbelbereich:

»Niedergedrücktheit« – es gab oder gibt nichts mehr, was einen wieder richtig »beflügelt« oder »hochzieht« – man ist im »Kreuz« völlig eingesunken, d. h., daß man in den Lendenwirbeln keinerlei Kraft mehr spürt, sich über dem Becken aufzurichten – häufig verbunden mit eingesunkenem Kopf und Halsknick:

– *Mangel an Vertrauen bzw. Erfahrung der eigenen ursprünglichen Vitalität* oder
– *Trägheit* oder
– *Verantwortungslosigkeit* oder

- verfestigter körperlicher Reflex aus einer Phase des Lebens, der mit *Selbstaufgabe* verbunden war.

»Trotzköpfchen« – dabei ist ein stark durchgedrücktes »Hohlkreuz« mit einer hochgereckten Brust und aufgestautem Ärger bzw. Trotz verbunden, der einen eigentlich aufstampfen lassen wollte (was unterdrückt wurde): irgendwann einmal – vielleicht ein Impuls, der aus der Kindheit stammt:
- *Trotz, aber nicht ausdrücklich »nein« sagen* oder auch
- *mehr versprechen, als man halten kann oder will* (geht in Richtung Koketterie).

Knie und Füße:

»Durchgedrückte Knie« (was auch bei »Trotzköpfchen« fast immer der Fall ist) führen fast automatisch zum Reflex des mehr oder weniger extremen Hohlkreuzes:
- *falsche Aufrichtung* oder
- *falsche »stramme« Haltung.*

Menschen, bei denen – und das ist oft der Fall – durchgedrückte Knie zu solchen Haltungsschäden geführt haben, daß eine Lenden-Bandscheibe durch das extreme Nach-innen-Ziehen (Hohlkreuz) ernsthaft lädiert wurde und sie deshalb operiert wurden, müssen – wenn sie keine neue, richtige Haltung einüben – über kurz oder lang wieder mit Komplikationen rechnen! Auch diese Erkenntnis ist leider noch kein Allgemeingut medizinischen Wissens – sonst würden sehr viel mehr solcher Patienten gründlich über die Bedeutung der richtigen Haltung für ihre Wirbelsäule aufgeklärt.

Die Bedeutung der richtigen Bein-, Knie- und Fußhaltung anerkennen, bedeutet weniger Operationen. Als Vorbeugung *und* Nachsorge könnte Alta Major die Schwere der Leiden mindern und sogar Folgeoperationen überflüssig machen.

Gerade in diesen Tagen, während wir dieses Kapitel schreiben, kommt ein befreundeter Arzt zu uns, der eine schwere Bandscheibenoperation hinter sich hat. Er gab zu, den Zusammenhang zwischen Knieschmerzen und seinem Rückenleiden gar nicht gekannt zu haben.

Falsche Fußhaltung:

Falsche Körperhaltung kann zur falschen Fußhaltung führen – und umgekehrt!

»Senkfuß oder Knickfuß« – wenn die Füße jeweils nach innen abkippen und die natürliche Wölbung unter dem Spann verlorengeht (macht sich auch in den Knien bemerkbar):
– *Niedergeschlagenheit*; diese Füße lassen Standfestigkeit vermissen. Das Individuum gleitet auf der Erde herum, ohne richtig Wurzeln schlagen zu können.

»Startstellung« – wenn, vor allem im Sitzen, kein Kontakt zwischen dem ganzen Fuß und dem Boden besteht, sondern nur zwischen dem Vorderfuß mit Ballen und Zehenspitzen:
– *Erwartungshaltung, Neigung zu Träumerei, Gespanntheit, Überreizung, Sorge* oder
– *bei Frauen auch Wunsch, besonders grazil zu erscheinen.*

Die hier anschaulich geschilderten kombinierten »Fehl-Haltungen« dienen als abschreckende Beispiele. Wahrscheinlich richten Sie sich schon jetzt beim Lesen unbewußt in sich selbst mehr auf, um diesem »Schrecken« gelassener ins Auge blicken zu können. Anschließend berichten wir über einige wenige Fallbeispiele aus der Alta Major-Praxis, die typisch genug sind, um zu erkennen, welche Chancen die Alta Major-Methode eröffnet.

Um einem Mißverständnis vorzubeugen: Eine momentane »Fehl-Haltung« muß keine ständige sein. Es kann durchaus vorkommen, daß wir uns zwischen zwei Bewegungsabläufen einmal vorneigen, zurücklehnen, abknicken etc. – ohne daß dies bereits ein Signal für verfestigte innere oder äußere Fehlhaltungen sein muß!

Anstatt Ihnen die hier beschriebenen »Fehl-Haltungen« in Skizzen vorzuführen, möchten wir Sie nun wieder einladen, selbst in Ihrem Leben Umschau zu halten, aufmerksam zu werden, wie viele Menschen in Ihrer Umgebung »aus dem Lot geraten« sind. Und welcher großen Hilfe sie – vielleicht gerade durch Sie! – bedürfen, um sich als aufrechte oder sich wieder aufrichtende Menschen neu zu entdecken.

Fallbeispiele aus der Alta Major-Praxis

Marianne, eine 60jährige Frau, ist völlig in sich eingesunken, Kopf weit vor dem Hals, Rundrücken, die Gesamthaltung so, als ob sie immer schwere Gießkannen vor sich her tragen müßte. Seit dem kürzlichen Tod ihrer Schwägerin ist sie sehr deprimiert.
In einem ersten Gespräch, bei dem sie »vorher – nachher«-Fotos anderer Menschen sieht, erinnert sich Marianne plötzlich, daß sie beim Tode ihres Mannes vor 13 Jahren in diese Fehlhaltung gefallen ist.
Als sie dann ein Kompliment über ihren hübschen Pullover hört, richtet sie sich zum ersten Mal ganz erfreut auf.

Herbert, ein Angestellter, Ende 40, ist im Hals- und Brustwirbelbereich völlig abgeknickt – weil er über 1 Meter 96 ist. Er möchte nicht so groß erscheinen und neigt im Gespräch mit anderen Menschen ständig den Kopf herunter.

Sylvia, Mitte 30, Mutter von drei Kindern, leidet unter einem starken Hohlkreuz und entsprechenden Rückenbeschwerden. Wir kommen gemeinsam darauf, daß sie sich seit der ersten Schwangerschaft um eine aufrechte Haltung bemüht hat und deshalb in eine Hohlkreuz-Kompensation geriet. Das wurde dann später noch verstärkt und leicht verschoben, weil sie ihre Kinder lange auf der Hüfte trug.

Charlotte, Ende 40, reckte den Kopf mit Kinn und Nase immer weit nach vorn und oben, so daß sie einen starken Knick in der Halswirbelsäule hatte – der zu Schmerzen im Nackenbereich führte. Außerdem drückte sie im Stehen ihre Knie stark nach hinten durch – mit den entsprechenden Folgen in der Lendenwirbelsäule wie beispielsweise durchgedrückte Knie, siehe Seite 85.
Sie erkannte in der Alta Major-Sitzung selbst, daß sie damit ihrem Mann beweisen wollte, daß sie »ihren Mann stehen« und immer die Fassung bzw. die Haltung bewahren konnte.

Joachim, Ende 20, litt unter starken nervösen Spannungen, die sich in einer übermäßig steifen Haltung mit ständig verspannten Muskeln bemerkbar macht.
Es gelang ihm zu erspüren, daß er immer noch unter der Erwartungshaltung seines Vaters stand, »etwas zu leisten« und sich »zusammenzureißen«.

- Häufig ist auch zu beobachten, daß frühe oder tiefe Schocks, wie zum Beispiel langwierige Krankheiten, Operationen im Kleinkindalter, Verlust der Eltern oder von Familienangehörigen oder engen Freunden entweder zur Erstarrung oder zum in sich **Zusammenfallen** einer Haltung führt.
- Ständige Kritik verursacht oft ein Geducktsein in der Haltung, bei dem der Kopf wie in Erwartung des nächsten Hammerschlags von oben so niedergedrückt getragen wird, daß praktisch **kein Hals** mehr zu sehen ist.
  Das kann sich sowohl in der Familie wie im Betrieb erge-

ben, wobei die Ursache vielleicht schon in der Schulzeit zu finden ist.

- Die mangelnde Kraft sich aufzurichten liegt bisweilen auch daran, daß man *zu kleine Schuhe* trägt. Denn der richtige Kontakt zum Boden und die Aufrichtung sind eng verknüpft. Zu kleine Schuhe sind bisweilen ein Hinweis auf die zu geringe Selbsteinschätzung; man hat Angst, sich soviel Raum zu geben, wie notwendig ist. Oft genug wissen Menschen mit zu kleinen Schuhen gar nicht, wie groß ihre Füße wirklich sind, und gehen mit gekrümmten Zehen herum. Bezeichnenderweise tragen Menschen nach der Alta Major-Behandlung oft eine größere Schuhnummer.
- *Ein leider häufiges »Frauenproblem«:* Viele Frauen knicken im Brustbereich nach innen ein, kommen also in eine Fehlhaltung der Brustwirbelsäule und bekommen gleichzeitig einen Knick in der Halswirbelsäule, weil sie ihren Busen **»verstecken« wollen** – entweder weil er angeblich »zu klein« oder »zu groß« ist, oder weil sie nach dem Elternwunsch ein Junge hätten werden sollen (oder das selbst lieber wollten). Diese Fehlhaltung führt übrigens vor allem zu Schmerzen im Lendenwirbelbereich über dem Kreuzbein, zu den sogenannten Kreuzschmerzen; bei Frauen mit schwererem Busen auch zum »Hängebusen«, weil die natürlichen Aufrichtekräfte eben nicht nur auf den Rücken, sondern auch auf die Brust wirken.

Wir wollen nun einige Beispiele aus der *Alta Major-Praxis* etwas detaillierter beschreiben.

> Ein ganz wichtiger Hinweis: Manche Menschen sind durch Unfall oder chronische oder angeborene Leiden nicht (mehr) in der Lage, die Aufrichtung physisch nachzuvollziehen. Das verhindert aber nicht, daß sie sich *innerlich* aufrichten können!

Barbara, Ende 20, Sozialarbeiterin, alleinerziehende Mutter eines 3jährigen Sohnes.
Sie wirkt blaß, niedergeschlagen und lustlos; sie ist recht dünn und beruflich sehr angestrengt und mitgenommen. Barbara klagt nicht direkt über Rückenschmerzen, spürt aber, daß sie irgendeine Hilfe oder einen neuen Aufschwung braucht.
Sie erschrickt zunächst einmal, als sie erfühlt und begreift, daß ihre äußere Haltung völlig anders ist, als sie sich selbst sieht. Barbara stellt selbst fest, daß sie im Brustbereich eingeknickt ist und deshalb einen »Buckel« macht, ihr Hals abgeknickt ist und sie von unten heraus nach oben blickt.
Zu Hause ist sie noch entsetzter, daß der kleine Sohn ihre eigene Fehlhaltung bereits fast völlig kopiert hat.
Sie bringt ihn mit zur nächsten Einzelsitzung, und er erfaßt – mit vielen Telefonbüchern unter den Füßen, um einen festen Sitz zu haben – sofort, worum es geht. Im Verlauf der Zeit empfindet Barbara den Sohn als ihren Therapeuten und ihr Vorbild.
Nach Teilnahme an einem AM-Intensivseminar und 4 Einzelsitzungen fühlt sie sich lebensfroher und erfährt durch ihre Aufrichtung auch wieder neue Freude im Beruf.

Monika, rund 40, verheiratet, kinderlos, eine hübsche Frau. Sie spricht mit sehr leiser Stimme, wirkt gebeugt und verzagt; sie befindet sich wegen »endogener« (= ohne Anlaß) Depressionen in therapeutischer Behandlung.
Monika leidet unter starken Rücken- und Unterleibsschmerzen, ihr Bauch ist vorgeschoben; sie klagt über Herzrhythmusstörungen – offensichtlich infolge des durch Fehlhaltung beengten Brustraums.
Ihre einzige Lebensfreude: daß ihr Mann sie immer tröstet, wenn er von der Arbeit heimkommt.
Monika nahm an einer Intensivtherapie in einer Kleingruppe teil und hatte etwa 10–12 Einzelsitzungen. Sie verstand das Prinzip der inneren Aufrichtung; ich riet ihr aber, sich mit ihrem Mann zu besprechen, wie er wohl reagieren würde, wenn er

Monika nicht mehr trösten müßte/könnte/dürfte/sollte. Seine Antwort: Dann könnte er ja endlich mit ihr Flamenco tanzen lernen.
Monika faßte Mut, richtete sich innerlich wie äußerlich auf. Sie und ihr Mann gingen wirklich in Tanzkurse. Ich hatte ihr geraten, die psychotherapeutische Beratung nicht sofort abzubrechen, sondern in sich selbst den Zeitpunkt zu erspüren, wenn sie sich als stabil und heil genug ansehe.

Jürgen, Ende 30, Betriebswirt, verheiratet, 4 Kinder. Er litt unter einem Schleuder-Trauma (HWS-Syndrom) aufgrund mehrerer Unfälle. Seine Frau, eine Krankenschwester, war seit den Unfällen vor fünf Jahren völlig überarbeitet, da Jürgen auch noch seine leitende Stellung verloren hatte.
Fotos und Videoaufnahmen seiner Haltung erschüttern ihn: sein Kopf war weit vorgestreckt, seine Schultern befanden sich praktisch neben den Ohren; er spürt, daß seine Haltung einerseits halb vom Schicksal geduckt, andererseits halb wie auf dem Sprung anzugreifen aussah. Jürgen erkannte sofort, warum seine zahlreichen Vorstellungsgespräche gar keinen Erfolg hatten zeitigen können. Wer hätte einem solchen Mann eine führende Stellung zutrauen mögen.
Jürgen nahm an einem Alta Major-Ferien-Intensivseminar und 2–3 Alta Major-Einzelsitzungen teil. Er erfuhr eine enorme innere und äußere Aufrichtung, trieb wieder Sport und wußte, wie er sich zeigen mußte, damit seine Qualitäten nicht unterschätzt würden. Er fand nach zwei Monaten eine neue angemessene Stellung. Die meisten seiner Jacketts paßten ihm allerdings nicht mehr, weil Jürgen zu dem natürlichen Volumen seines Brustkorbs und Herzbereichs fand.
Interessant bei Jürgen ist, daß er zuvor etwa fünfzigmal (!) eingerenkt worden war – ohne bleibenden Erfolg. Dieses Phänomen ist nicht selten. Solange das Bewußtsein nicht auch innerlich aufgerichtet wird, und solange sich kein unmittelbar erspürtes Verständnis in uns für unsere richtige Haltung entwickelt, werden Muskeln und Wirbelpartien immer wieder in ihre Fehlhaltung zurückrutschen.

Andrea, 23, Sekretärin, kommt mit Schmerzen in der ganzen Wirbelsäule, besonders in der Lendenwirbelsäule in Taillenhöhe und an allen Gelenken.
Sie weiß bereits, daß sie sich zuwenig Bewegung verschafft und ihre Haltung irgendwie »eingerastet« ist – als ob sie ständig einen imaginären Schreibtisch vor sich hätte.
Nach einem AM-Ferienseminar findet sie zu ihrer jugendlichen Beweglichkeit zurück und entdeckt Möglichkeiten, sich diese zu erhalten.
Andrea konnte tiefe Knicke auflösen und fühlte sich wie neugeboren.

Reinhard, Ende 20, ist ein erfolgsorientierter Computerspezialist. Er kommt zu Alta Major mit schweren Rückenbeschwerden, vor allem rechts, was bis in den rechten Arm hinunterstrahlt. Teilweise leidet er auch unter Kreuzschmerzen bzw. sogenannten Bandscheibenbeschwerden.
Im Verlauf von einem Wochenendseminar und 4 Einzelsitzungen erfaßt Reinhard, daß er seine Haltung nicht nur *am,* sondern auch *zum* Arbeitsplatz und zu seiner Arbeit verändern muß – weniger Drängen und Erzwingen-wollen, mehr innere und damit auch äußere Ge-lassen-heit.
Er machte seine Arbeit und seinen Arbeitsplatz am Computer zum Übungsfeld für eine innerlich und äußerlich aufrechte und aufrichtige Haltung und wurde seine Schmerzen los. Häufig hilft in solchen Fällen also eine Veränderung der Denk- und Sitzgewohnheiten!

Ruth und Hermann, um 50, kommen getrennt voneinander, zunächst in Alta Major-Einzelsitzungen, schließlich gemeinsam zu einem Seminar. Sie ist Malerin, er ein Geschäftsmann.
Ruth leidet unter Migräne und leichten Rückenverspannungen, besonders im Schulter- und Nackenbereich.
Hermann hat Rückenschmerzen, vor allem »im Kreuz«.
Die Alta Major-Erfahrungen ergeben, daß sich beide seit Jahren in etwa dieselben Vorwürfe machten, und sich gegen-

seitig nicht genügend anerkannt, sondern vielmehr ständig beurteilt fühlten. Innerlich waren sie aber sehr miteinander verbunden und dachten nicht an Trennung.
Im Alta Major-Seminar erkannten sie, daß auch andere Paare ähnliche Probleme hatten bzw. haben.
Ruth und Hermann wurde in den Einzelsitzungen das Gefühl vermittelt, daß sie jeweils selbst verantwortlich dafür seien, sich selbst *und* den anderen »hochzuziehen« und »aufzurichten«, also daß sie bewußt für sich daran arbeiten wollten, sich *und* den anderen zu heilen.
Sie konnten in den Vordergrund ihrer Beziehung das Anliegen stellen, sich zunächst selbst aufzurichten und dann bewußt fördern – durch freundliche Worte, liebevolle Zuwendung, gegenseitige Anerkennung und vor allem ausdrücklichen Austausch –, daß es der Partnerin/dem Partner leichter fällt, ebenfalls die eigene Aufrichtung zu finden. (Als die Frage im Raume stand, wer damit anfangen sollte, war es in diesem Fall Hermann, also der Mann.)
Partner können sich gegenseitig Vor-Bild sein! Es gibt bei Alta Major ein »Ansteckungsphänomen«. Die aufrechte Haltung eines Menschen gibt – auch ohne daß man extra etwas sagt – einem anderen den Impuls, sich ebenfalls aufzurichten.

Christiane, 46 Jahre, Arztwitwe, kam 5 Jahre nach einer Bandscheibenoperation mit Rückenbeschwerden. Sie litt unter einem »steifen Kreuz«, also Versteifung der Lendenwirbelsäule, auch, weil sie sich bewußt aufrecht-steif gehalten hatte als vermeintliche Schonhaltung.
Während ihrer Ehe hatte Christiane immer das Gefühl, sich stärker und irgendwie anders zeigen zu müssen, als sie wirklich war. Im Vergleich zu ihrem Mann hatte sie sich minderwertig gefühlt und wurde sich selbst und anderen gegenüber sehr streng.
Sie hatte keine Einzelsitzungen, sondern nahm einige Male an Alta Major-Seminaren teil. Sie erfaßte, daß es einen unmittelbaren Zusammenhang zwischen ihrer Wirbelsäulenverstei-

fung und ihrer »Stramm-steh-Haltung« mit durchgedrückten Knien gab.
Christiane spürte schließlich im Verlauf der Stunden während eines Seminars, wie in ihr »Eis schmolz«, wie sie sagte. Sie begriff, daß sie eigentlich viel weniger hart und bitter innen war, als sie sich außen zeigte.
Christiane konnte eine neue Lebensrichtung für sich finden und wieder Freude und Sinn erfahren.
Sie arbeitet inzwischen bei der Telefonseelsorge, um nun andere Menschen aufzurichten.

Kai, 11 Jahre jung, etwas dicklich, kam mit seiner Tante in die Alta Major-Praxis.
(Oft sind es nicht die Eltern, die mit den Kindern kommen, vielleicht weil sie spüren, daß die Notwendigkeit einer Form von Therapie wohl auch etwas mit ihnen zu tun hätte. Deshalb kann man nur alle Eltern ermuntern, zu ihrem eigenen Vorteil über diesen Schein-Schatten zu springen.)
Kai kam in einer zusammengeduckten Haltung mit vorgezogenen Schultern und stark eingeengtem Brustraum; seine Verdauungsorgane waren offensichtlich oft eingedrückt und er litt unter schwerer Verstopfung und gelegentlich unter Asthma.
Der elfjährige bayerische Bub begriff sehr schnell, worum es ging. Er spürte eine regelrechte Erleichterung, als er ganz vorn auf der Stuhlkante saß und nach dem eigenen Erspüren und dem der Alta Major-Lehrerin eine ganz klare innerliche Vorstellung von seinem eigenen Idealbild gewann.
Kai kam drei- oder viermal in die Alta Major-Einzelsitzung, einmal brachte er auch seinen Vater mit.
Verstopfung und Asthma verlor er ganz, in der Schule wurde er überall eine ganze Note besser, und er hatte viel mehr Spaß am Leben. Seine neue, aufrechte Haltung, erzählte er, machte nach und nach auch andere Schüler neugierig, denen er sein »Geheimnis« auch praktisch demonstrieren konnte.

Dagmar, Ende 40, ist Maltherapeutin. Sie kam mit einer extrem verbogenen Wirbelsäule (übrigens durch traumatische Kindheitserlebnisse bedingt), einem »Buckel« (Gibbus) in die Alta Major-Therapie.
Sie war, wie die meisten Menschen, sehr berührt davon, sich selbst in Videoaufnahmen zu sehen. Dagmar bekam drei Einzelstunden und nahm an einem Intensivseminar teil.
Bei ihrer Wirbelsäulenverbiegung war nicht zu erwarten, daß sie in diesem Leben je wieder in eine natürliche Aufrichtung würde zurückfinden können. Eine Erweiterung des Brustraums war indes durchaus noch gegeben.
Dagmar erfuhr durch die Alta Major-Arbeit, wie sie – trotz der nicht mehr völlig zu behebenden körperlichen Verformung – sich doch sehr intensiv auf die *innere Aufrichtung* einlassen konnte. Das führte zu einer Reihe positiver Veränderungen.
Sie vermochte, über ihre Bitterkeit hinwegzukommen und sich mehr anzunehmen und Verständnis für sich, ihre Situation und noch offene Wandlungsmöglichkeiten zu entwickeln.
Dagmar lernte auch, den Schrecken, der anderen Menschen bei der ersten Begegnung mit ihr ins Gesicht geschrieben stand, verständnisvoll aufzunehmen.
Eine von Dagmars Klienten kam später in die Alta Major-Praxis und berichtete, wie sehr die Alta Major-Arbeit Dagmar verändert habe. Sie habe sich im Verlauf der Maltherapie – angestoßen durch die innere Aufrichtung und Strahlkraft von Dagmar – selbst zur Aufrichtung angeregt gefühlt und sei deshalb in die Praxis gekommen.
Um Ihnen, soweit es das geschriebene Wort erlaubt, das Nachvollziehen, solche oder ähnliche positive Erfahrungen zu ermöglichen, versuchen wir im nächsten Kapitel einige Gedanken zu vermitteln bzw. zu vertiefen, welche Bewußtseinseinstellungen die eigene Aufrichtung besonders beflügeln.
Es geht um Vision als dritten Schlüssel zum Geheimnis der Alta Major-Methode.
Im übernächsten Kapitel folgen dann eine ganze Reihe von Praxisübungen dazu.

8.
Der dritte Schlüssel zum Alta Major-Geheimnis: Du bist bereits der neue Mensch!

Lassen Sie sich bitte – ungeachtet Ihrer persönlichen Weltanschauung und ihres privaten Menschenbildes – einmal auf unsere folgende Dreigliederung ein, die helfen soll, den dritten Schlüssel zum Geheimnis der Alta Major-Methode nicht nur intellektuell zu verstehen, sondern auch innerlich mehr aufnehmen und schließlich anwenden zu können.
Alta Major geht davon aus, daß Seele, Persönlichkeit und Körper Ausdruck eines Wesens auf drei verschiedenen Ebenen bzw. in drei unterschiedlichen Dimensionen ist. Persönlichkeit und Körper sollten der Seele »dienen«, häufig genug indes leben wir aber nur auf der Körper- und Persönlichkeitsebene und haben die wahre Existenz unserer selbst als der Seele noch nicht einmal wahrgenommen. (Wir wissen selbstverständlich, daß das, worüber wir uns hier mit Ihnen unterhalten, *nie* wirklich in Worten ausgedrückt werden kann. »Das Tao, das man benennen kann, ist nicht das Tao«, wie die bekannte chinesische Weisheit lautet.)

▷ Die *Seele* könnte man auch Selbst oder geistiges Wesen oder göttlichen Funken nennen. Sie *ist* Vollkommenheit und schöpferischer Impuls oder reine Energie, die sich aus dem formlosen Sein oder Urzustand der Einheit (Gottes, der Schöpferkraft, der Urenergie etc.) in der vierdimensionalen Schöpfungswelt in Raum und Zeit auf unserer Erde verkörpert.
Die formlose Seele sucht sich eine Form, um ihren Auftrag in

der Gesamtschöpfung zu erfüllen. Dieser Auftrag mag nun in der zunächst notwendigen Selbstverwirklichung liegen, nach der Erkenntnis: »Ändere dich selbst, nur dann änderst du die Welt.« Anders ausgedrückt: Nur wer hat – materiell, emotional, seelisch, spirituell –, kann geben. Was will ein spiritueller Bettler geben können – und was alles kann ein wahrer König geben.

Vielleicht liegt die Aufgabe in einem bestimmten Beitrag, den wir als Seele – durch Persönlichkeit und Körper – für die Schöpfung, für die Erde, für Menschen und andere Lebewesen leisten können und sollen.

Natürlich kann sich beides auch miteinander vermischen.

Es ist nützlich, sich immer wieder daran zu erinnern: Wir *sind* die Seele – bzw. das Selbst etc. – und *haben* eine Persönlichkeit und einen Körper.

Wir sprechen ja auch davon, daß wir zwei Augen haben, einen Mund usf. Und wir haben ja auch Gefühle und Gedanken, obwohl sie uns oft genug zeitweise so wie eine Brandung überspülen, fortreißen und untertauchen, daß wir meinen, wir wären der Ärger, die Freude, das Leid, die Liebe etc. Wir sind trotzdem nicht unser Gedanke oder unser Gefühl – denn oft schon Sekunden oder Minuten, manchmal auch viel später, treten völlig andere Gefühle und Gedanken in den Vordergrund unseres Bewußtseins.

Immer aber gibt es eine Instanz oder Dimension – wie immer man sie auch nennen mag –, die alles *wahrnimmt.* Dieses Bewußtsein, also *»bewußte Sein«,* ist unveränderlich, ewig und *vollkommen.* Es muß nicht erst erschaffen werden und kann auch nicht vergehen. Es wird auch durch nichts verändert; es scheint nur vorübergehend durch die wechselnden Erlebnisse »gefärbt« zu sein, vielleicht so, wie ein Film auf eine Leinwand projiziert wird und diese doch immer gleich bleibt.

Unser bewußtes Sein, das immer besteht, mag zeitweise mehr oder weniger sichtbar sein, wie zum Beispiel die Sonne tagsüber manchmal hinter einer Wolkendecke verschwindet oder nachts »hinter« dem eigenen Planeten untertaucht.

▷ Die *Persönlichkeit* ist – wieder zu unserem Zweck stark vereinfacht – jenes veränderliche Etwas, das unsere Gedanken, Gefühle, Erinnerungen, Träume usw. umfaßt – und natürlich das, was wir gern als Ego bezeichnen.
Dieses schwankende Gebilde feinstofflicher Formen und Energien bestimmt – über genetische und archetypische sowie kulturelle, soziale und personale Prägungen sehr wesentlich subjektives Selbstgefühl, Selbstwertgefühl und Selbstsicht.
Hier in der Persönlichkeit nun sind die Abbilder unseres psychischen und physischen Ist-Zustands gespeichert. Und auf der Persönlichkeitsebene, im Bewußtseinsfeld des Alta Major-Zentrums ist es *notwendig,* daß wir zwei Prozesse vollziehen:
Offen zu werden für die Vollkommenheit der Seele.
Die Schwingung bzw. Energie der Vollkommenheit der Seele sich verwandeln zu lassen in Form-Bilder, wie wir jetzt, in diesem Lebensstadium gemeint sind.

Solche von der Seele her inspirierten, auf der Persönlichkeitsebene realisierten Form-Bilder bewirken die Vision.

▷ Der *Körper* ist der dichteste Ausdruck der von der Seele belebten Persönlichkeit in unserer vierdimensionalen Welt. (Manche Philosophien unterscheiden vier Körper, welche die Seele umhüllen: der Superkausal- oder Ätherkörper, der Kausal- oder Mentalkörper, der Astral- oder Emotionalkörper, schließlich der physische Körper.) Unsere Dreiteilung – Seele, Persönlichkeit, Körper – soll, wie gesagt, dem besseren Begreifen dienen, *nicht* etwa das Mißverständnis auslösen, daß die drei »Teile« irgendwie getrennt seien. Es findet vielmehr eine innige Durchdringung statt.
Der Körper ist sozusagen das letzte Glied in einer Kette, das alles aufgebürdet bekommt, was in der Verbindung zwischen

Seele und Persönlichkeit und innerhalb der Persönlichkeit selbst »schiefgelaufen« ist – entweder, weil die Persönlichkeit noch nicht sehr bewußt ist und dann erst durch Leid und Schmerzen für die Seele geweckt wird, oder weil die Persönlichkeit absichtlich fest in Vor-Stellungen des beschränkten Egos verharren will.
Da das Leben ein ständiges Fließen ist, verlangt es von uns eine ebensolche Bewegung und stetige Wandlung. Wenn wir uns dem entziehen oder entgegenstemmen wollen, führt das zur Fehlhaltung.
Auf jeden Fall ist der Körper der beste äußere Maßstab, der beste dreidimensionale Signalgeber dafür, was in uns *geschieht* oder *geschehen ist.*
Denn es kommt durchaus auch vor, daß der Körper noch eine innere Fehlhaltung gespeichert hat und zum Ausdruck bringt, die innerlich bereits überwunden ist!

▷ *Ohne Vergleichsmöglichkeit* des Ist-Zustandes mit irgendetwas anderem kommen wir zu keinem Formbild oder Vorbild – und umgekehrt!

▷ *Ohne die Vision* unserer Vollkommenheit kommen wir zu keinem Formbild oder Vorbild – und umgekehrt!

Die Alta Major-Vision lautet:
Du bist bereits der neue Mensch!

Wie aber erfahre ich die Vision meiner angeblichen Vollkommenheit? Und damit sind wir beim schwierigsten weil am wenigsten verbalisierbaren Teil von Alta Major angekommen. Natürlich kann man jemandem *sagen,* »Sitz doch nicht wie ein Sklave da, sondern wie ein König.« Der Mensch wird den Hinweis wahrscheinlich sogar als hilfreich empfinden – wenn ich mich innen aber nicht wie ein König fühle, kann ich auch nicht wie ein König sitzen! Das ist ja auch das beklagenswerte

Dilemma, wenn Vertreter des modernen Discolebens heute als Schauspieler Menschen aus einer Vergangenheit verkörpern sollen, deren inneres Leben und Fühlen sie gar nicht verstehen und trotzdem in eine adäquate Haltung umsetzen sollen. Und man sehe sich manche Gesichter an, die durchgeistigte Persönlichkeiten der Geschichte darstellen sollen und doch in der eher ungeistigen Lebensweise der »Moderne« stecken.

Die Alta Major-Vision erfordert ein In-sich-Hineinspüren, ein Stille-halten, eine wache und liebevolle Beobachtung und vorurteilslose Annahme innerer Bewußtseinsimpulse.

War erst die Henne da oder erst das Ei? Oder etwa der Hahn? Wir werden uns hüten, diese alterslose Frage letztgültig beantworten zu wollen.
Alta Major weiß aber eins ganz sicher: *Ohne* die bewußte oder intuitive Verbindung der Vollkommenheit der Seele mit der Persönlichkeit und *ohne* die bewußte oder intuitive Verbindung der Persönlichkeit mit dem Körper können keine Vergleiche zwischen inneren und äußeren Ist-Zuständen mit idealen Formbildern stattfinden bzw. sich aus solchen Vergleichen keine konkreten Wandlungs- und Aufrichteimpulse ergeben.
Wenn wir eine Maria oder einen Buddha anblicken und ihre aufrechte Haltung als erhebend empfinden, dann ist dies ein sicheres Zeichen dafür, daß in uns eine Instanz ist, die ihre Haltung überhaupt schätzen kann. Nur was in uns, vielleicht aus Kinderzeit oder als potentielles Menschheitserbe, bereits angelegt ist, kann das Vor-Bild erkennen.
Sowohl Visionen wie Vergleiche und auch die Aufrichteimpulse laufen über Bewußtseinsvorgänge im Alta Major-Zentrum. Für uns spielt es keine Rolle, ob man zuerst der Vision und daraus resultierender Formbilder oder erst eingeprägter

Abbilder oder körperlich schmerzender Fehlhaltungen gewahr wird.
Alta Major fordert Sie auf, sich in eine Vision von sich selbst hineinzufühlen, hineinzuträumen, hineinzuhoffen, hinein zu erinnern – wie immer Ihnen persönlich der Zugang am geeignetsten oder leichtesten erscheint.
Das stimuliert die körpereigene Intelligenz und den inneren Heiler dazu, aktiv zu werden. Suchen Sie nach Ihrer eigenen Heilkraft in sich selbst. Es mag eigenartig klingen, ist aber wahr: es genügt sogar, daß Sie in sich hineinfragen und hineinbitten – der innere Heiler wird sich melden!

Sollten wir Visionen für Sie entwerfen, beschreiben? Nähme das nicht etwas von Ihrer eigenen schöpferischen Entfaltungskraft fort – weil Sie durch unsere Definitionen und Erläuterungen ja dann bereits noch mehr geprägt werden als es durch ein Buch, das sich geschriebener Sprachformen bedienen muß, ohnehin schon der Fall ist?
Also verzichten wir darauf lieber.
Wir können Ihnen jedoch *zwei Hilfen* anbieten: eine unvollständige Aufzählung möglicher Zielvorstellungen und Selbstwertorientierungen und die Beschreibung eines quasi meditativen Vorgangs, zu Ihrer eigenen (vielleicht nur zeitweise gültigen) Vision zu finden.

Visionen meiner Lebens-Haltung – Visionen meiner Zukunft – Wer bin ich wirklich? – Was ist meine Lebensaufgabe?
Eine unvollständige Aufzählung von »Affirmationen«, die sich als Schlüsselworte für positives Denken bzw. für eine positive Einstellung verwenden lassen, das dann seine Eigendynamik entwickelt.

- Ich habe keine höhere Instanz – ich *bin* meine höhere Instanz.
- Ich selbst bin mein einziger wirklicher Lebensbegleiter. Ich erkenne mich als meinen besten Freund.

- Ich öffne mich für meine eigenen inneren Heilkräfte. Ich lasse meinen inneren Heiler aktiv werden.
- Ich übernehme Verantwortung für meinen Lebensweg. Ich übernehme Verantwortung für meine Lebens-Haltung.
- Ich entscheide selbst über meine innere und äußere Haltung. Ich bin schöpferisch und lebe gern.
- Ich entwickle mehr und mehr Verständnis für mich selbst und für andere.
- Ich verzeihe mir selbst Fehler; ich kann auch anderen Menschen Fehler verzeihen.
- Ich akzeptiere mich, und ich liebe mich – damit ich wirklich liebesfähig und liebenswert für andere werden kann.
- Ich bitte um Erkenntnis meines Lebenssinns. Ich bitte um Energie und Kraft, ihn zu leben.
- Ich gebe dem Leben einen Sinn. Ich lebe aus der Freude und aus der Energie meines Lebenssinns.
- Solange ich mich oder andere verurteile, muß ich noch weiter wachsen und mich wandeln.
- Ich finde immer wieder das Kind in mir und bin für dieses Kind jener Vater und jene Mutter, die es sich wünschen würde.
- Ich bin dankbar für alles Schöne, was ich erlebt und gelernt habe. Aus dieser Dankbarkeit schöpfe ich lebendige Lebensfreude.
- Ich erkenne mich als einen liebenswerten und aufrechten Menschen.
- Ich habe den Mut und die Leichtigkeit, mich so zu zeigen, wie ich bin.
- Ich bin bereit, anzunehmen, wie ich jetzt bin – ich bin bereit, mich zu wandeln und zu wachsen.
- Meine Fähigkeit und Bereitschaft, glücklich und erfolgreich zu sein, wächst mit jedem Aufrichteimpuls durch meinen Körper.

Überlegen und schreiben Sie sich selbst Ihre eigenen Sinnsprüche oder Affirmationen auf und nutzen Sie diese, je nach der Situation, in der Sie sind.

Diese Gedankenimpulse helfen, den inneren Heiler zu wekken, der immer in Aktion tritt, wenn wir uns entweder in völliger intuitiver Harmonie mit der Schöpfung befinden oder wenn wir uns um Bewußtwerdung und Wandlung auch nur bemühen!

Der »innere Heiler« ist jener Aspekt der vollkommenen Seele, der *durch* die Persönlichkeit dann zu wirken beginnt, wenn die Persönlichkeit *dann* zu wirken beginnt, wenn wir vom »Ego« her durchlässig werden, wenn wir uns öffnen für die Impulse und Energien aus einer höheren Bewußt-Seins-Ebene.

In der Alta Major-Arbeit bewirkt der innere Heiler durch das Alta Major-Zentrum die Erkenntnis von idealen Formbildern unserer Haltung und die verstärkte Aufrichtekraft, um diese Formbilder auch emotional und körperlich zu verwirklichen. Der innere Heiler wird uns – wenn wir ihm Raum geben – immer mehr zur Vervollkommnung verhelfen.

Meditative Übung zur Vision »Ich bin der neue Mensch«

Meditation, die stille Hinwendung an Innenwelten des bewußten Seins, ist eine jahrtausendealte bewährte Hilfe, um zu sich selbst zu kommen und etwas über den Sinn des eigenen Lebens zu erfahren.

Vielleicht hilft Ihnen wieder ein Blick auf unser Marien- oder Buddha-Bild, um sich »anstecken« zu lassen. Vielleicht werden Sie eher von einem anderen historischen Vorbild angesprochen, wie Lao-Tse, Jesus Christus, Meister Ekkehart, Ramana Maharshi oder vielleicht von einem lebenden Menschen aus Ihrer Umwelt.

Ihre Vision könnte sich Ihnen möglicherweise auch offenbaren, wenn Sie das Gebet des heiligen (=heilen!) Franziskus von Assisi noch einmal nachlesen. Wir beide mögen es so sehr und halten es für so aktuell, daß wir es Ihnen an dieser Stelle gern nahebringen möchten.

Mein Gott, mach mich zu einem Werkzeug Deines Friedens –
daß ich Liebe übe, wo man mich haßt –
daß ich verzeihe, wo man mich beleidigt –
daß ich verbinde, wo Streit ist –
daß ich die Wahrheit sage, wo der Irrtum herrscht –
daß ich Glauben bringe, wo der Zweifel drückt –
daß ich Freude schenken kann, wo der Kummer wohnt.

Mein Gott, laß mich trachten
nicht, daß ich getröstet werde,
sondern daß ich andere zu trösten vermag;
nicht, daß ich verstanden werde,
sondern daß ich mit anderen mitfühle und sie verstehe;
nicht, daß ich geliebt werde,
sondern daß ich andere liebe.
Denn wer gibt, der empfängt –
wer sich selbst vergißt, der findet –
wer verzeiht, dem wird verziehen –
und wer stirbt, erwacht zum ewigen Leben.

Für Alta Major heißt dies unter anderem: Wer hilft, andere aufzurichten, richtet sich selber auf.
Aber auch:
Ich trage die Verantwortung, mich selbst von innen her aufzurichten, um anderen helfen zu können!

Die sechste Übung

Zum Abschluß dieser Anregungen die Anleitung zu einer einfachen meditativen Übung:

▷ Suchen Sie sich einen ruhigen Platz in Ihrer Wohnung oder in Ihrem Haus. Verabreden Sie sich mit sich selbst, 10 Minuten lang nicht ans Telefon zu gehen und solange auch Radio und Fernseher abzuschalten. Setzen Sie sich bequem und aufrecht hin und schließen Sie Ihre Augen.

▷ Beobachten Sie einige Zeit lang Ihr Atemgeschehen, ohne es zu beeinflussen. Lassen Sie »es« in sich atmen und nehmen Sie wahr, ob beim Einatmen die Luft nicht nur in den Brustkorb, sondern auch in den »Bauch« (Zwerchfellatmung) und die Flanken hineingesogen wird.
Und geben Sie beim Ausatmen wirklich ganz offen alle Luft wieder ab, ohne etwas zurückzuhalten?
▷ Lassen Sie sich durch Gedanken und Gefühle, die aufsteigen, nicht beunruhigen. Das ist ganz normal und sollte keineswegs mit Macht unterdrückt werden. Lassen Sie Gefühle und Gedanken einfach kommen und gehen, wie diese es wollen!
▷ Richten Sie dann eine der drei folgenden Fragen an sich selbst und hören Sie ohne irgendeine Erwartung nach innen, was an Antwortimpulsen kommt – das müssen keine Worte sein. Vielleicht sind es Gedanken, Gefühle, Farben, innere Schwingungen, vielleicht Glücksgefühle oder auch Tränen der Trauer oder der inneren Angerührtheit.
Gestatten Sie sich dabei selbst, vielleicht in Erinnerung an Ihre eigenen Kinder- und Jugendträume, -ideale und -hoffnungen die *Visionen* Ihres Lebens, wie Sie es gerne geführt oder es am liebsten gewünscht hätten.
Erleben Sie auch jene Impulse bewußt, die sich wie ganz von selbst einstellen und Ihnen vermitteln, *wie Sie diese Träume jetzt in Ihrem Leben (doch noch) verwirklichen können.*
Nun die drei Fragevorschläge – bei jeder Übung sollte man sich am besten nur einer Frage widmen.

1. Was kann ich an Altem ablegen?
   Was möchte ich an Neuem aufnehmen und ausstrahlen?
2. Welche meiner früheren Lebensziele haben sich überholt?
   Welches Lebensziel sollte für mich jetzt im Vordergrund stehen?
3. Wer bin ich wirklich?
   Wie kann ich das in meinem Leben und in meiner Haltung zum Ausdruck bringen?

Nehmen Sie eine dieser drei Fragen entweder verbal oder gedanklich mit hinein in die fünf Minuten der Stille. Sie können Sie halblaut vor sich hinsprechen oder einfach nur daran denken. Falls Sie ähnliche Übungen noch nie vorher ausgeführt haben, werden Sie wahrscheinlich überrascht sein, wie viele Bewußtseinsanregungen und Gefühlsbewegungen dabei entstehen. Das wird Sie in Ihrer Lebens-Zuversicht beflügeln.

▷ Am Ende der Übung wollen Sie sich vielleicht noch einmal in Er-Innerung rufen, wie Sie sich *vor* und *nach* der Übung gefühlt haben, ob es einen Unterschied gibt und was Sie aus der Übung mit in den *Alltag* hineinnehmen wollen.

Die Vision der Vollkommenheit: Natürlich mögen wir – äußerlich betrachtet – nicht vollkommen erscheinen, aber wir sind unserem Seelenentwurf nach *vollkommen gemeint.*

Ihre persönliche Vollkommenheit wird sich darin ausdrücken, wie sehr Sie der Mensch sind, der Sie bewußt sein wollen und können.

Wie sehr Ihre Persönlichkeit zwar selbst-bewußt ist, aber die innige Verbindung und Belebung durch das innerste Wesen, das wir sind – Seele oder Selbst –, nicht verdrängt oder unterdrückt, sondern gelebt wird....

Sind Sie also wirklich der/die (und lesen Sie hier *Ihren* Namen)? Probieren Sie es ruhig aus – auch wenn es Ihnen vielleicht im Moment etwas albern erscheinen mag. Lesen oder denken Sie *»Bin ich wirklich* der/die *(und nun Ihr Name)?«*

Es macht ja nichts, wenn Sie der Mensch, der Sie sein können und möchten, *noch* nicht sind.

Bitte erlauben Sie sich aber, kindhaft naiv womöglich, freudigen Mut zu schöpfen, daß Sie noch in diesem Leben, noch jetzt, in kurzer Zeit, in einigen Tagen oder Wochen Ihr eigenes Ideal, *Ihre eigene Vision* in entscheidenden Teilen verwirklichen können.

Sie sind der neue Mensch, als den Sie sich entdecken können, wenn Masken, Gewohnheiten, eigene und fremde Erwartungs-Haltungen und Fehl»programmierungen« fortfallen oder aufgelöst werden! Sie sind wie wir alle Teil der großartigen Schöpferkraft, welche die ganze Schöpfung auf wunderbare Weise durchatmet.

Sehen Sie sich noch einmal die Skizzen auf Seite 45 an, die schematisch den Werdegang vom »primitiven« Menschen bis heute zeigen. Diese Abbildung macht deutlich, daß nicht nur der Geist des Menschen eine Entwicklung vollzogen hat, sondern auch der Körper. *Und wer will behaupten, daß diese Entwicklung heute abgeschlossen sei?* Alta Major geht davon aus, daß sie weitergeht. In früheren Zeiten waren zum Beispiel Körper- und Muskelkraft weit wichtiger für das Überleben als heute. Dementsprechend anders waren auch Schönheitsideale und Formbilder. Der Weg vom kämpfenden Germanen zum Weltraumflieger ist beeindruckend – aber vielleicht werden wir noch sehr viel weiter geführt. Auch solche Überlegungen können unsere Vision beeinflussen und formen.
Zum Schluß dieses Kapitels weisen wir kurz darauf hin, daß alles Wachsen und Werden Zeit braucht – nichts Neues, aber wert, daran zu erinnern.
Eine Vision zu erfahren kann sehr beglückend sein, neue Energien fließen lassen und uns inspirieren.
Nun wartet diese Vision darauf, verwirklicht zu werden.

- Ein Arzt hat normalerweise fünf bis fünfzehn Minuten für Sie Zeit, um sich um Ihre Krankheit und Heilung zu kümmern – vielleicht einmal pro Woche oder einmal pro Monat.
- Ein Physiotherapeut wird etwa zwei- bis dreimal die Woche für jeweils eine halbe oder dreiviertel Stunde Zeit für Sie haben.

- Ein Heilpraktiker oder Psychotherapeut kann sich für Sie vielleicht eine Stunde jede zweite Woche nehmen.
- *Aber Sie selbst und Ihr innerer Heiler haben immer, Ihr ganzes Leben lang für Sie Zeit!*

Wir sind für jede Hilfe von »außen« natürlich sehr dankbar. Aber heilen müssen Sie sich selbst. Sie selbst müssen Ihre Vision erleben. Sie selbst müssen sie verwirklichen. Sie selbst müssen und dürfen Ihr eigenes Leben leben.

Wie oft erwarten wir Hilfe von außen oder gehen zu Ärzten und Heilpraktikern und Physiotherapeuten, um Gesundheit wie eine Ware einzukaufen, die man sich nach dem Einkauf in die Tasche stecken und mit nach Hause nehmen kann.

Wer kann Ihnen wirklich helfen? Sie selbst – und, wenn Sie dazu einen Bezug haben, Gott oder die Schöpferkraft. Nehmen Sie sich also ruhig die Ihnen notwendig erscheinende Zeit, sich an Ihre Vision zu er-innern, sie in kleinen Übungs- und Aufrichteschritten umzusetzen, sich Ihr eigenes Lebensglück zu schaffen.

Alta Major kann ein Wegweiser sein. Die Erkenntnis vom Zusammenhang zwischen innerer Lebenshaltung und äußerer Körperhaltung, die Erfahrung der Wirkung kunstvoller Berührung und das Erlebnis einer erhabenen und erhebenden Vision sind beglückende Schlüssel zum Geheimnis des Lebens.

Aber nur Sie selbst gehen *Ihren* Weg. Ihre inneren Visionen können Sie dabei wie der Polarstern begleiten und Ihnen ein Licht auf Ihrem Pfad sein.

Die folgenden Übungsangebote werden sich im Alltag bewähren.

9.
Weitere Praxis zur Alta Major-Methode

Jetzt kommen wir und Sie wieder zu mehr körperorientierten Übungsfolgen, für die indes auch gilt, daß unser Bewußtsein immer intensiv beteiligt sein sollte, um den höchstmöglichen Nutzen aus den Übungen zu ziehen.
Bei Alta Major gibt es keinen Leistungsdruck. Also gehen Sie bitte nicht an Ihre Schmerzgrenze oder gar darüber hinweg! Die Alta Major-Übungen sind kombinierte Bewußtseins- und Körperübungen.

Die siebte Übung – im Liegen

Erspüren der Auflage der Lendenwirbelsäule
Legen Sie sich flach auf den Rücken auf den Boden (Bett ist ungünstig, weil nicht eben!), am besten auf eine warme Decke.
Strecken Sie die Beine flach aus und legen Sie die Arme seitlich neben den Körper.

a) Registrieren Sie aufmerksam, ob und wo die Wirbelsäule zwischen Hinterkopf und Becken auf dem Boden aufliegt.
b) Wo liegt die Wirbelsäule *nicht* auf? Wie lang ist der Bereich, der *nicht* aufliegt. (Es ist normal, daß die Halswirbel nicht ganz aufliegen – weil unser Hinterkopf gewölbt ist und die Dornfortsätze dort nicht weit hervorkommen wie am Rükken. Es ist auch normal, daß wir im Liegen mit *ausgestreckten Beinen* ein »Hohlkreuz« haben!)

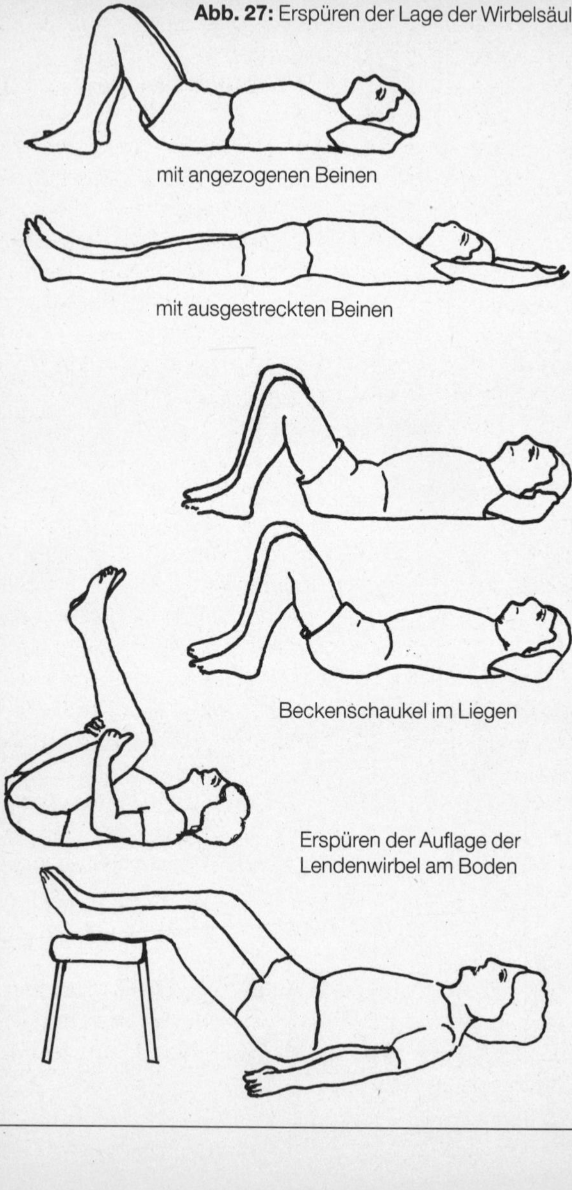

Abb. 27: Erspüren der Lage der Wirbelsäule

mit angezogenen Beinen

mit ausgestreckten Beinen

Beckenschaukel im Liegen

Erspüren der Auflage der
Lendenwirbel am Boden

c) Ziehen Sie nun die Beine so an, daß Ihre Füße mit den Sohlen flach auf dem Boden anliegen, die Füße dabei etwas auseinander, die Knie zusammen:
Sie sollten spüren, daß Ihre Wirbelsäule im Kreuz jetzt ein Stück länger aufliegt!
Sie können dann probieren, den noch nicht aufliegenden Teil Ihrer Wirbelsäule behutsam so weit wie möglich auf den Boden zu »drücken«, in Wirklichkeit anzusenken.

d) Wiederholen Sie c) noch einmal und legen Sie Ihre Hände auf die vorne hervorstehenden Winkel Ihrer Beckenknochen. Merken Sie, daß Ihr Becken wie eine Schaukel leicht nach hinten kippt bzw. hin- und herrollt?
Dieser Effekt wird noch stärker, wenn Sie beide Beine langsam mit den Knien zur Brust anziehen. Dabei wird Ihr Kreuz, also die Lendenwirbelsäule, noch flacher auf dem Boden aufliegen.
Stellen Sie nun die Beine wieder so, daß beide Füße flach mit den Sohlen am Boden stehen. Ihre Lendenwirbelsäule hat sich durch das vollständige Anziehen wahrscheinlich bereits so weit gestreckt, daß es Ihnen jetzt um so leichter fällt, mit beiden Händen wieder über die Beckenknochen die Lendenwirbel behutsam an den Boden zu drücken.

e) Lassen Sie dann wieder den Druck nach, und »schaukeln« Sie bewußt mit Ihrem Becken hin und her, so daß die Lendenwirbel (das Kreuz) mal mehr, mal weniger flach auf dem Boden aufliegen.

f) Zum Schluß winkeln Sie Ihre Beine wieder in der Luft so an, daß sie über Ihrem Brustkorb schweben und das Gewicht der Beine nicht vom Kreuz, sondern von den Oberschenkeln selbst getragen wird.
Sie können Ihre Beine auch auf einem Stuhl mit 2–3 Kissen ablegen.
Stellen Sie fest, daß diese Art der Anwinkelung der Beine Ihre Lendenwirbelsäule sehr viel weiter am Boden aufliegen läßt, als wenn Sie nun die Beine wieder ganz flach am Boden ausstrecken!

Das ist der spürbare Beweis dafür, daß die Wirbelsäule mit angewinkelten Beinen (demnach auch beim Sitzen!) sehr viel gerader sein müßte als im Liegen (und demnach auch im Stehen)!

Stehen Sie langsam wieder auf und geben Sie Ihrem Kreislauf die Chance, wieder in Gang zu kommen.

Die achte Übung – auf den Knien

Erspüren der einzelnen Wirbelpartien

Knien Sie sich nun so auf den Boden, vielleicht auf einen Teppich, daß Sie die Gebetshaltung der Muslime einnehmen.

a) Ihr Rücken beschreibt bei dieser Haltung eine Art Halbkreis, die Arme liegen weit ausgestreckt vor dem Kopf, entlang der Ohren, mit den Handflächen flach auf dem Boden, Ihre Stirn liegt auf dem Boden auf.
Spüren Sie, wie sehr sich Ihr Rücken dabei strecken und auch entspannen kann.

b) Richten Sie sich nun weder zu schnell noch zu langsam, weder heftig noch betont vorsichtig in eine aufrechte Rückenhaltung auf, während Sie am Boden knien bleiben.

c) Gehen Sie dann wieder zurück in die »Gebetshaltung« und nehmen Sie sich jetzt vor, beim ganz langsamen Aufrichten möglichst *jeden einzelnen Wirbel*, zumindest aber einige Wirbelpartien *bewußt* zu erspüren.
Fangen Sie mit der Aufrichtung der Lendenwirbel im Kreuzbereich an, gehen Sie langsam über zu den Brustwirbeln und schließlich zur *Streckung*, nicht nur Aufrichtung im Halswirbelbereich, also im Genick, so daß Ihr Kopf hoch oben ist und dabei leicht nach unten geneigt wird.
Öffnen Sie nun Ihre Arme, mit den Handflächen nach oben

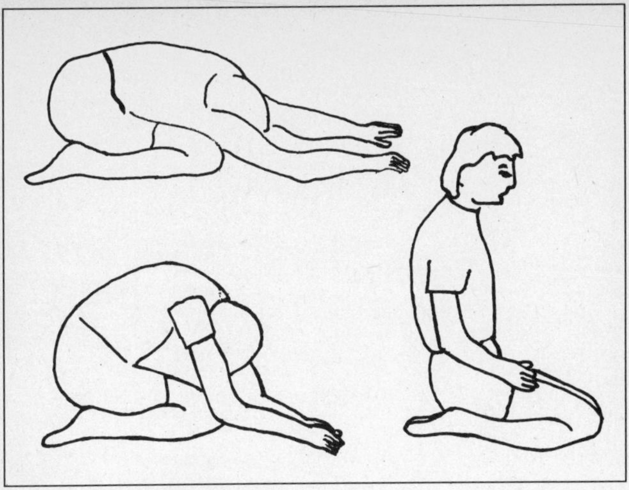

Abb. 28: Erspüren einzelner Wirbelpartien durch langsames Aufrichten aus der Gebetshaltung

gedreht, so daß auch Ihr Brustbereich von den Schultern her weit und offen wird.

Die neunte Übung – im Sitzen

Lockerung der Nackenpartie

Setzen Sie sich entspannt und aufrecht auf einen Stuhl. Die Übung dauert nur etwa 5 Minuten – also dürfen Sie sich ruhig trauen, sich ganz vorn auf die Kante zu setzen.

a) Führen Sie zuerst die rechte Hand hinter den Nacken an den Hals, unterhalb des linken Ohrs, mit der Handfläche nach unten.
   Drehen Sie dabei Ihren Kopf nach links, zur Hand hin (damit drehen Sie Ihren Hals und natürlich die Halswirbelsäule!).
   Streichen Sie jetzt mit ihrer rechten Hand fest den Hals entlang zurück von links nach rechts. Währenddessen

Abb. 29:

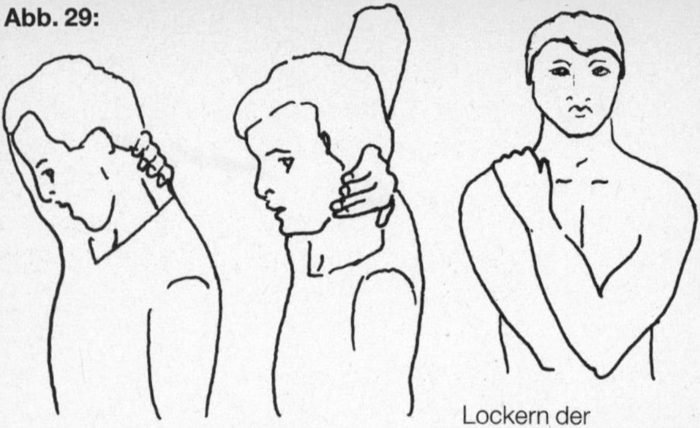

Lockern der Nackenpartie

Lockern der Schultermuskulatur

drehen Sie Ihren Kopf ebenfalls von links nach rechts – so daß durch diese Bewegung eine zusätzliche Reibung zur massageähnlichen Streichbewegung zwischen Hand und Hals entsteht.

b) Danach wiederholen Sie diese Übung, nun umgekehrt, mit der linken Hand am Hals unter dem rechten Ohr.
In beide Richtungen einige Male – bis der Hals spürbar warm wird. *Spüren Sie jeweils in Stille nach!* Das bewirkt zunächst die intensivere Durchblutung und somit Lockerung und Entspannung des Genicks. Dies wiederum erleichtert es Ihnen, den Hals – vom Alta Major-Punkt über dem Alta Major-Tor (dem Loch der Schädelbasis) – in eine natürliche Streckung und Aufrichtung zu nehmen.

c) Nehmen Sie als nächstes abwechselnd Ihre linke Hand zur rechten und Ihre rechte Hand zur linken Schulter – vor der Brust – und »kneten« Sie die oft verspannte Schultermuskulatur so kräftig, wie Sie es als angenehm und lockernd empfinden.
Setzen Sie sich aufrecht hin, legen die Hände mit den Handflächen nach oben auf die Beine, schließen die Augen und »spüren nach«, wie Ihre Haltung ist und wie vielleicht neue Energien fließen.

d) Zum Schluß beugen Sie Ihren Oberkörper nach vorn und

stützen Ihre Ellbogen auf Knien oder Oberschenkeln ab. Nehmen Sie Ihre Hände hinter dem Kopf so zueinander, daß Sie mit den aneinanderliegenden Fingerspitzen Ihre Halswirbel und einige obere, leicht erreichbare Brustwirbel (genaugenommen deren Dornfortsätze) ertasten können. Jede Hand tastet auf ihrer eigenen Körperseite.
Spüren Sie erneut in Stille mit geschlossenen Augen nach, was sich in Ihnen regt, nachdem Sie sich wieder langsam und bewußt aufrichten.

Die zehnte Übung – im Stehen

Standhaltung und Bewegungsdrehung

a) Stellen Sie sich aufrecht und bequem mit dem Rücken an eine Wand. (Es ist egal, ob Sie dabei Ihre Beine und Füße zusammen oder leicht auseinander halten.)
Achten Sie darauf, daß sowohl Schultern wie Gesäß die Wand berühren, evtl. auch Ihr Hinterkopf.
Gibt es Rückenpartien, die in dieser Haltung die Wand nicht berühren? Wenn ja, welche? Wahrscheinlich im Kreuzbereich – Stichwort Hohlkreuz –, vielleicht aber auch gerade unter den Schultern, über dem Kreuz? Vielleicht helfen Ihnen kleine Bewegungen, das genauer herauszufinden.
b) Versuchen Sie, Ihre Schulterblätter so weit wie möglich zusammenzuführen, so daß sich der Brustbereich weiter öffnen kann.
c) Bleiben Sie in dieser Haltung, aber nehmen Sie nun Ihre Füße etwa 20 Zentimeter vor die Wand – Sie kommen also in eine sehr leichte »Hock-Haltung«, bewahren aber den Rückenkontakt zur Wand.
Haben Sie gespürt, daß sich Ihr Kreuz (und vielleicht auch andere Rückenpartien) stärker an die Wand angelegt haben?
Ähnlich wie bei der Beckenschaukel im Liegen sollten Sie sich ein paarmal hin- und herbewegen, um die Beweglichkeit Ihrer Lendenwirbel zu testen.

Abb. 30:

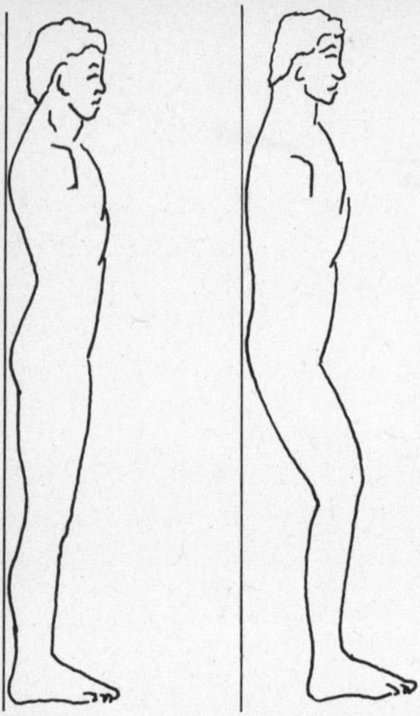

Erspüren der aufrechten Wirbelsäule im Stehen

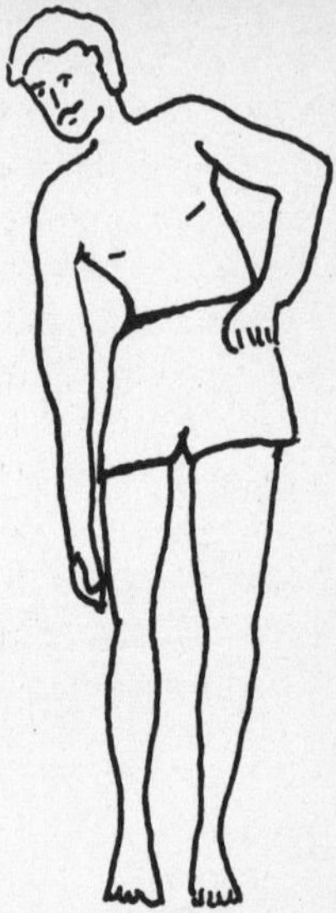

Erspüren von Spannungen bzw. Bewegungsfreiheit im Lendenwirbelbereich

Lockern des Brustwirbelbereichs

d) Jetzt bleiben Sie mit dem Rücken an die Wand gelehnt, Füße leicht vor der Wand, und beugen Ihren Oberkörper so weit wie schmerzfrei möglich rechts zur Seite und greifen dabei mit der rechten Hand zum rechten Knie bzw. zum rechten Unterschenkel. Die linke Hand liegt weiter locker am Körper an.
Verlieren Sie dabei nicht den Kontakt zwischen Rücken und Wand! Sie dürfen sich also nicht vorbeugen, sondern führen diese Übung parallel zur Wand aus.
e) Dasselbe nach links.
Dieser Übungsteil hilft, die Lendenwirbel durch eine Drehbewegung zu lockern.
f) Zum guten Schluß noch ein bißchen mehr Bewegung und hoffentlich Spaß für Sie.
Stellen Sie sich frei in den Raum und beugen Sie sich vor, als ob Sie Ihren Oberkörper mitsamt Armen nach vorn ausschütteln wollten. Schütteln Sie sich wirklich!
Das dehnt und entspannt Ihre Wirbelsäule.
g) Schalten Sie eine Ihnen angenehme Musik ein.
Nehmen Sie Ihre Beine dann etwas auseinander, Knie nicht durchgedrückt, sondern leicht in die Knie gehend, und strecken Sie Ihre Arme etwa waagerecht zur Seite aus, mit den Handflächen nach oben, so daß sich Ihr Brustraum schön öffnen kann, und drehen Sie sich nun abwechselnd so nach links und rechts.
Dabei schauen Sie Ihren Fingerspitzen nach. Achtung: Alta Major ist bekanntlich kein Leistungssport – also nicht über die Schmerzgrenze drehen.
Sie können diese Übung auch mit geschlossenen Augen ausführen und sich bewußt in der inneren Aufrichtung halten.
Diese Übung wird Ihrer Wirbelsäule und Aufrichtung neue Bewegungsimpulse vermitteln und Sie weiter lockern.

Auf der nächsten Seite finden Sie Hinweise auf zwei sinnvolle Übungshilfen, die sich sowohl in den Seminaren wie in der Einzelarbeit bewährt haben.

Übungen mit der Alta Major-Rolle

Es wurde eine speziell gedrechselte Alta Major-Rolle entwikkelt, die vielseitig verwendbar ist.
Damit lassen sich einzelne Wirbel und Wirbelpartien, besonders Verspannungen in der Brustwirbelsäule, intensiv im Liegen erfahren und lösen.
Die Alta Major-Rolle ist auch geeignet zur Unterstützung der Aufrichtekraft vom Becken und den Sitzbeinhöckern (Gesäß) her.
Schließlich ist sie ebenfalls in der Alta Major-Reflexzonenarbeit erprobt. Dort stimuliert sie die Streckung und den Halt der Füße sowie die Aufrichtekraft der gesamten Wirbelsäule über die Füße, die uns letztlich ja den entscheidenden Kontakt zum Erdboden und den Halt für unsere aufrechte Haltung geben.

Übungen mit dem Alta Major-Kissen

Ein mit Quarzsand gefülltes, doppelt mit Seide umhülltes Kissen mit einem bestimmten Gewicht erleichtert viele Übungen, wenn man *keine/n* Partner/in hat.
Auf dem Kopf im Sitzen oder Stehen löst es durch sein Gewicht quasi automatisch die Gegenkraft der Aufrichtung nach oben aus.
Auf dem Brustbein im Liegen hilft es einerseits den Brustraum weiter zu öffnen und andererseits die Wirbelsäule im Kontakt mit Boden oder Auflage mehr zu spüren.
(Bezugshinweise siehe Seite 125 f.)

10. Das ist Alta Major: Eine Zusammenfassung

Alta Major läßt sich schön durch die drei Schlüssel zum Geheimnis der Alta Major-Methode zusammenfassen.

1. Bewußtsein ist ein Ereignis, das nicht nur im Gehirn stattfindet, sondern auch im Rückenmark, in der Wirbelsäule, in den Nerven, in den Zellen.
   Denn Hirn und Rückenmark und Nerven sind Teile eines unmittelbar zusammenhängenden Organismus und Bewußtseinsfeldes. Es gibt keine Trennung zwischen Gehirn und zentralem Nervenstrang in der Wirbelsäule.
2. Der Ist-Zustand unserer inneren und äußeren (Lebens-) Haltung spiegelt sich im Körper, vor allem in der Haltung der Wirbelsäule und in der Form der Körperhülle wider. Verfestigte Fehlhaltungen – aufgrund körperlicher oder psychischer Ursachen – lassen sich am besten über die Berührung be-greifen.
   Erst durch die kunstvolle Berührung entstehen bzw. werden in Erinnerung gerufen jene geistigen Abbilder unserer Haltung, welche unser Leben jetzt oder früher geprägt haben.
3. Um zu unserer natürlichen, uns jetzt möglichen inneren und äußeren Aufrichtung zu gelangen, bedarf es der Vision oder des Vorbildes.
   Positive Visionen und Vorbilder schaffen oder decken in uns jene Formbilder auf, welche über das Alta Major-Zentrum konkrete Aufrichteimpulse vermitteln.

4. Der imaginäre Alta Major-Punkt über dem Ende der Halswirbelsäule in der Schädelbasis gibt uns den Zielpunkt für unsere Aufrichtung an und zieht uns auch dorthin, wenn wir uns auf ihn einlassen.
5. Am Alta Major-Tor, der Schädelbasisöffnung, durch welches der Hauptnervenstrang von der Gehirnverlängerung zur Wirbelsäule übergeht, ist oft der entscheidende Knick unserer (Fehl-)Haltung.
   Eine Aufrichtung, d. h. fast immer Streckung bzw. Dehnung nach oben mit gleichzeitiger Neigung von Kinn und Nase, stellt sich häufig als der wirksamste Einzelschritt bei der Aufrichtung dar.
6. Auch Kniehaltung und Fußstellung spielen für die Haltung eine wesentliche Rolle, weil über sie die notwendige Verwurzelung mit dem Boden erreicht wird. Knie sollten nicht durchgedrückt werden, und die Fußsohlen sollten immer gut am Boden aufliegen.
7. Alta Major ist zuallererst eine Bewußtwerdung, nie ein Leistungssport. Jeder Mensch kann in sich den eigenen inneren Heiler finden und sowohl das eigene Tempo wie die individuelle Entfaltungs- und Aufrichtungsmöglichkeit zu einer gegebenen Zeit unter gegebenen Umständen.
8. Das Vollkommenheitsideal ist Vorbild und Ansporn; das Ziel ist die real mögliche Verwirklichung des inneren Menschen und seines Seelenauftrags.
   Damit ist Alta Major zwischen reiner Körperarbeit, Selbstverwirklichung und Bewußtwerdung sowie auch psychosomatischen und psychotherapeutischen Prozessen angesiedelt.
   Alta Major eignet sich sowohl zur Vorbeugung wie zur Nachsorge bei latenten und akuten (Rücken-)Beschwerden, aber auch als wirksame Hilfe zur inneren und äußeren Aufrichtung, um ein erfüllteres, erfolgreicheres, gesünderes und glücklicheres Leben zu führen.
   Alta Major ist natürlich kein »Allheilmittel«, das es ebensowenig gibt wie ein »Perpetuum mobile«.
   Der Unterschied zu anderen Methoden liegt vor allem

darin, daß Alta Major auf eine Vision hin orientiert ist, nicht auf Probleme und Blockaden; daß bei Alta Major der Mensch nichts Neues lernen muß, sondern in sich entdeckt bzw. sich erinnert, daß er seinem Wesen nach bereits der neue Mensch ist.
Der Alta Major-Berater oder -Seminarleiter arbeitet nicht *an* dem/den Menschen, sondern *mit* ihm/ihnen – oder, noch weiterführend, für ihn/sie, weil er gleichzeitig an sich selbst arbeitet. Der Alta Major-Berater ist Hand-Langer im Sinne des Wortes.
Alta Major ist eine Selbst-Heilmethode, die sich als hilfreich bewährt hat, gleich, welche anderen Therapieformen man sonst noch verfolgen mag.

Wie Alta Major entstanden ist

Divo Köppen-Weber, die Begründerin von Alta Major, wurde durch eigene Rückenleiden seit früher Jugendzeit zur Entdekkung der Alta Major-Prinzipien und zu deren Weiterentwicklung geführt.
Divo hat an der Kunstakademie Stuttgart Keramik und Malerei studiert und mit der Gesellenprüfung im Töpferhandwerk abgeschlossen, bevor sie sich als Beschäftigungs- und Arbeitstherapeutin und in Individualpsychologie ausbilden ließ. Später wurde sie Heilpraktikerin und spezialisierte sich lange Zeit auf Shiatsu, Körper- und Fußreflexzonenarbeit. Darin leitete sie auch Ausbildungsseminare.
Als sie 30 war, gingen ihre Ärzte davon aus, daß sie spätestens mit 40 Jahren wegen der fortschreitenden Rückenleiden im Rollstuhl sitzen müßte. Der Ratschlag an Divo lautete, sich Jahre in ein Gipsbett zu legen, um wenigstens den Ist-Zustand zu erhalten.
Durch innere Führung wurde Divo auf den Weg zur Alta Major-Methode gebracht. Durch die eigenen Schmerzen entwickelte sich ihr Mitgefühl für andere Menschen, die litten. Die Berührung in der Körperarbeit vermittelte ihr die ersten An-

stöße – mehr, als es Röntgenaufnahmen je vermocht hätten – zur Erkenntnis, daß im Menschen Formbilder wirken, die von innen heraus zur jeweils größtmöglichen Heilung führen.
Im Verlauf von vielen Jahren entwickelte sie die von ihr entdeckten schöpferischen Prinzipien zu einer in sich systematischen, jedoch gleichzeitig individuell offenen Heilmethode.
Der Name *Alta Major* wurde Divo zunächst innerlich übermittelt, ohne daß sie mit diesem Begriff etwas anfangen konnte. Später las sie bei Alice Bailey in »Esoterisches Heilen« von *Alta Major* als dem *Tor für Licht und Wahrheit.* In derselben Zeit wurde sie auf Yoganandas Wort gestoßen, daß vom Übergang von Halswirbeln zur Schädelbasis die kosmische Urschwingung, OM, im Menschen ausgehe. Da erkannte sie, welche geistige Bedeutung dieser Begriff für die von ihr entdeckte und entwickelte Heilmethode gewinnen könnte: ein Begriff, der die Vision der Aufrichtung des Menschen zu Licht und Wahrheit, zum Einklang mit den schöpferischen Kräften anklingen läßt – und damit die wirksamsten Voraussetzungen für Heilung anspricht.
Divo Köppen-Weber hat es sich zum Ziel gesetzt, diese wundervolle Alta Major-Methode möglichst vielen leidenden Menschen weiterzureichen und auch andere »Therapeuten« auszubilden, welche die Überzeugung teilen, daß in Wirklichkeit nicht der Behandler heilt, sondern der Behandelte sich selbst.

11.
Ausblick auf den Folgeband: »Das Tor zu Licht und Wahrheit – Alta Major-Gymnastik für Körper und Geist«

Im nächsten Band soll das Verständnis für die Alta Major-Methode vertieft und auf ihre Anwendung zu Hause und im Alltag – anhand von vielen praktischen Übungsvorschlägen, auch mit Partnerübungen – näher eingegangen werden. Schwerpunkte sind unter anderem:

1. Wie finde ich meine »eigentliche« Lebens-Haltung?
2. Das Wechselspiel zwischen dem aktiven und dem passiven Alta Major-Partner.
3. Die Alta Major-Methode im Alltag – einfache und fortgeschrittenere (Partner-)Übungen für die tägliche Praxis.
4. Alta Major-Gymnastik für Frauen: wie die Aufrichtung zu einem strafferen Busen und einer allgemeinen Verjüngung von innen heraus führen kann.
5. Die richtige Haltung im Beruf, am Arbeitsplatz und bei wichtigen Gesprächen – Mehr Erfolg mit Alta Major.
6. Alta Major-Reflexzonenarbeit an Fuß, Hand und Ohr.
7. Zusammenhang zwischen Zellbewußtsein, Gehirnbewußtsein und der Alta Major-Methode.
8. Detaillierte Anleitungen zur Arbeit mit der Alta Major-Massagerolle und dem AM-Seidenkissen.
   Mit vielen Abbildungen und praktischen Anleitungen.

»Die Alta Major-Gymnastik« erscheint im Goldmann Verlag voraussichtlich im Frühjahr 1990.

12.
Nützliche Hinweise: Seminare, Einzelsitzungen, Übungshilfen und Tonkassetten zur Alta Major-Methode

Alta Major ist eine Methode, die sehr wirkungsvolle Körperarbeit mit tiefer Selbsterfahrung und speziellen (psycho-)therapeutischen Elementen verbindet.
Alta-Major ist auch zusätzlich und parallel zu anderen Heilbehandlungen hilfreich, zur Vorbeugung und Nachsorge.

▷ Das Alta Major-Institut München (Adresse siehe weiter unten) bietet folgende Programme an:

1. – *AM-Einzelsitzungen*
   – *AM-Partnertherapien*
2. – *AM-Selbsterfahrungsseminare, auch Wochenendseminare*
   – *AM-Ferienprogramme*
3. – *AM-Intensivtherapien in Kleingruppen, teils mit Einzelsitzungen*

4a. – *Ausbildungsseminare für Alta Major-Berater*
  b. – *Ausbildungsseminare für Alta Major-Seminarleiter*
  c. – *Ausbildung für Alta Major-Lehrer*

Teilnehmer an AM-Seminaren bzw. -gruppen von 2. oder 3. erhalten das Zertifikat als Alta Major-Partner, das ihnen die Gewißheit vermittelt, die wesentlichen Grundlagen der Alta Major-Methode theoretisch und praktisch kennengelernt zu haben und für sich privat auch umsetzen zu können.

Alta Major-Partner sind zur Teilnahme an Ausbildungsseminaren zu 4a. berechtigt, um sich zum autorisierten *Alta Major-Berater* ausbilden zu lassen, wenn sie zusätzlich mindestens einige Einzelsitzungen selbst erfahren haben. Geprüfte *Alta Major-Berater* sind berechtigt, *AM-Einzelsitzungen* zu geben.
Die weitere Ausbildung zum AM-Seminarleiter bzw. AM-Lehrer kann sich nach jeweils erfolgter Prüfung und praktischer Arbeit anschließen.
Als Alta Major-Lehrer kommen vorzugsweise vorgebildete Therapeuten, Heilpraktiker und Ärzte in Frage.
▷ Der Begriff Alta Major® ist gesetzlich geschützt worden, um mißbräuchliche Verwendung des Gütesiegels Alta Major für nicht ausgebildete Therapeuten auszuschließen.
So darf sich nur diejenige/derjenige *Alta Major-Berater/in, Alta Major-Seminarleiter/in* bzw. *Alta Major-Lehrer/in* nennen, die/der eine entsprechende Ausbildung beim Alta Major-Zentrum erfolgreich abgeschlossen hat und von der Begründerin der Alta Major-Methode zur Ausübung autorisiert worden ist.

▷ Demzufolge finden *Alta Major-Einzelsitzungen* und *Alta Major-Seminare* auch *nur* durch geprüfte und autorisierte *Alta Major-Berater* und *-Lehrer* statt.
Alle weiteren Informationen, auch zu Kursterminen und -gebühren usf. erfragen Sie bitte direkt beim Alta Major-Institut München; Adresse siehe weiter unten.

▷ Es sind *Übungshilfen zur Alta Major-Methode* entwickelt worden, die das intensive Erspüren der Wirbelsäule und deren Haltung und die richtige Aufrichtung fördern und Impulse für eine Haltungsverbesserung von innen heraus vermitteln. (Siehe auch Seite 118)
Es sind dies

- ein besonderes *Seidenkissen* mit einem speziellen Gewicht und einer detaillierten Übungsanleitung;

- eine gezielt entwickelte Alta Major-Rolle für Rücken und Füße, mit einer genauen Gebrauchsanweisung;
- ein optimaler Alta Major-Stuhl ist in Vorbereitung.

▷ Außerdem wurde eine Tonbandkassette mit Übungsanleitungen und wohltuender Musik zu allen 10 in diesem Buch aufgeführten Übungen bereitgestellt.

Alle weiteren Informationen über:
Alta Major-Institut
Schraudolphstr. 10
8000 München 40
Tel.: 089/2780248